主　编
王克瑞

编　委（按姓氏笔画排列）
王宴青　王　锋　邬纯芳　李宗达　陈　红　陆　洋　赵　飞　梁刚建　郭海霞

青少年语言表演艺术

朗诵表演系列 1—3 级

全国青少年语言表演艺术测评中心 编

中国传媒大学出版社
·北京·

前 言

语言艺术，非一日之功，绝非高强度冲刺便能速成的。当下的家长圈里流行一种论调："孩子学习成绩不好，就走艺术专业吧。"在这种被逼上梁山的无奈之下学习语言艺术，多少带有一些沉重的功利色彩。

蔡元培先生提出的"美育"的力量呢？先生说："我们提倡美育，便是使人类能在音乐、雕刻、图画、文学里又找见他们遗失的情感。我们每每在听了一支歌，看了一张画、一件雕刻，或者读了一首诗、一篇文章以后，常会有一种说不出的感觉；四周的空气会变得更温柔，眼前的对象会变得更甜蜜，似乎觉到自己在这个世界上有一种伟大的使命。这种使命不仅仅是要使人人有饭吃，有衣裳穿，有房子住，它同时还要使人人能在保持生存以外，还能去享受人生。知道了享受人生的乐趣，同时更知道了人生的可爱，人与人的感情便不期然而然地更加浓厚起来。"先生的话，至今让我们感同身受，语言艺术是最好的审美，应该像先生所说，敦重乐教，发挥美育的力量。

语言艺术，口耳之学，离不开长期熏陶，且一定要坚持中外文化经典的熏陶。我们看到一些语言训练教材内容过于低龄化、养分少，低估了这些"小大人"，止于游戏之乐，人文营养不良，语言艺术空心化、同质化，导致这些"小大人"无论朗诵还是主持，都学着大人的腔调，没有了独特感受，没有了孩子味儿。我们希望做到的是：从5岁到14岁，在"童蒙养正，少年立志"的最佳成长阶段，让语言艺术感化他们，使他们练就童子功、打好底子。

古文是中文的根基，尤其是古文经典，布局严谨、行文简洁、气韵生动、文采斐然、思想隽永。比如，《道德经》作为"内圣外王"之学，被誉为"万经之王"，深刻影响着中国的哲学、科学、政治、宗教，是除了《圣经》之外，被译成外国文字发行量最大的世界文化名著。《逍遥游》语言节奏明快、便读易记、气势磅礴、铿锵有力、想象丰富、意境开阔，对其声音、句式、辞格等进行语言研究的人络绎不绝。在这套丛书里，我们要求孩子们朗读这些古文经典，而不强求背诵，将其穿插在表演、游戏、动画配音等环节里，较为轻松。我们相信，读书百遍，其义自见，让这些古文经典印刻在孩子们的童年里，它们总有一天会萌芽、成长。我们从中外传统经典名篇中精挑细选一小段，作为引子，希望孩子们下课之后主动去寻找这些书籍，希望听到他们翻阅经典、朗读经典的声音。我们相信，孩子从小受到经典文化浸染，立身为人，必然出口不凡。

语言艺术从来就不是孤立的，它因为新闻属性而有了新闻播报与评论、现场报道等不同表达形式；它因为文化属性而有了朗诵、表演、演讲、主持等不同表现形态。字正腔圆、口齿清晰、嘴皮利索是基本功，这很重要，因此在本套教材前两册里，这项基本功训练占了三分之一的课时。到中高级进阶阶段，更多的篇幅放在了语言功力的培养上。正如张颂先生所言，语言功力是语言的功底和能力,应该包括观察力、理解力、感受力、思辨力、表现力、回馈力、调检力、鉴赏力这八大功力。

本套教材设计了动物模仿、音乐感受、无实物表演、油画描述解读、新闻现场观察等环节,采用朗诵、表演、配音、演讲、播报、评论等多种形式,让学生去理解、思辨、鉴赏与表达。引导学生聆听经典朗诵、影视配音、鉴赏油画和海报等,力求做到鉴赏与表达互补。在新闻现场,让学生自己去观察、分析,确定选题目标,自拍新闻照片,开展现场报道。教材还采用当下最流行的PBL项目式学习(Project-based Learning),在关注"共享单车""低头族""中国式过马路"等现象的学习中,学生会更加清晰地面对真实社会的实际问题去独立思考:为什么我要关注这个问题?哪些是需要重点关注的对象?这不仅仅是与真实世界建立联系,更重要的是提出真实的问题,而这些真实的问题往往没有标准答案。教师将带领学生自制节目,开分享会,邀请学生、家长和专业人士作为第一观众一起思考、提出建议。观众惊讶的表情是最让人心潮澎湃的,这让学生自然而然地重视分享。在愉快分享的同时,培养学生听取反馈、学会反思的好习惯。我们认为,语言理性与感性的审美培育,才是语言艺术教育的真正出路。

我们坚持从娃娃抓起,力求教材内容专业而有趣。教师与家长、学生积极互动,让学生以踮起脚尖够一树苹果的姿态,愉快参与播音主持考级和朗诵表演考级。依托专业思路,每一阶段设定不同的目标,我们希望告诉每一位家长,考级不是最终目的。从娃娃抓起,却不让孩子继续做自己,不是我们的目的。我们的目的是:引导孩子分享思想、表达感受,让他们在清澈的眼睛里映照出这个世界最初的样子，在幼小的心灵里播种未来人生的第一个梦想。

我们寻找每一位"手持戒尺、眼中有光"的老师。每一个孩子都是可爱的，有鲜活的思想、天使般的心境，有超越现实的想象力和创造力，只有在生命美丽的时候，世界才是美丽的。每一个孩子的语言原本就是干净、美好的，犹如一件宝物放在你眼前，有的人看中的是经济价值，无法摆脱对材质、名款等世俗标准的盲从，而真正的师者，会以审美的眼光，手执戒尺，让宝贝绽放艺术之光辉。

工作之余还能有闲暇去做人，有闲暇去做人的工作，便是幸福。我们编著的教材就是这样，不拘一格，宽严相济，期盼孩子们通过这些有趣的训练项目，也有闲暇去发挥他们的智慧与才能。用如此心态审视，他们将会发现语言艺术世界充满美好、光明。在我们看来，这便是童子功的培养。

中央电视台资深导演 邬纯芳
2017年12月

扫一扫，
获取在线数字资源

第一级

第一级训练目的 / 002

第一课 / 003

一、表现力训练——眼神的表达 / 003

二、语音训练 / 004

　　词汇练习 / 004

　　绕口令：八百标兵 / 005

　　朗读：弟子规 / 005

三、朗诵训练 / 006

　　校园美 / 006

第二课 / 008

一、表现力训练——眼神的表达 / 008

二、语音训练 / 009

　　词汇练习 / 009

　　绕口令：爸爸抱宝宝 / 010

　　朗读：弟子规 / 010

三、朗诵训练 / 011

　　爱祖国 / 011

第三课 / 013

一、表现力训练——眼神的表达 / 013

二、语音训练 / 014

　　词汇练习 / 014

　　绕口令：白庙和白猫 / 015

　　朗读：弟子规 / 015

三、朗诵训练 / 016

　　荷花池 / 016

第四课 / 018

一、表现力训练——眼神的表达 / 018

二、语音训练 / 019

　　词汇练习 / 019

　　绕口令：画凤凰 / 020

　　朗读：弟子规 / 020

三、朗诵训练 / 021

　　做合格小公民 / 021

第五课 / 023

一、表现力训练——眼神的表达 / 023

二、语音训练 / 024

　　词汇练习 / 024

　　绕口令：打特盗 / 025

　　朗读：弟子规 / 025

三、朗诵训练 / 026

　　数枣 / 026

第六课 / 028

一、表现力训练——眼神的表达 / 028

二、语音训练 / 029

　　词汇练习 / 029

　　绕口令：白石塔 / 030

　　朗读：弟子规 / 030

三、朗诵训练 / 031

　　十二月子 / 031

第七课 / 032

一、表现力训练——眼神的表达 / 032

二、语音训练 / 033

　　词汇练习 / 034

　　绕口令：刘奶奶买牛奶 / 034

　　朗读：弟子规 / 035

三、朗诵训练 / 036

　　二月二 / 036

第八课 / 037

一、表现力训练——眼神的表达 / 037

二、语音训练 / 038

　　词汇练习 / 038

　　绕口令：老刘和老牛 / 039

　　朗读：弟子规 / 039

三、朗诵训练 / 040

　　三个人一齐出大力 / 040

第九课 / 042

一、表现力训练——眼神的表达 / 042

二、语音训练 / 043

　　词汇练习 / 044

　　绕口令：读古通古 / 044

　　朗读：弟子规 / 045

三、朗诵训练 / 046

　　快乐的小鱼 / 046

第十课 / 047

一、表现力训练——眼神的表达 / 047

二、语音训练 / 048

　　词汇练习 / 049

　　绕口令：哥挎瓜筐过宽沟 / 049

　　朗读：弟子规 / 050

三、朗诵训练 / 051

　　声律启蒙·一东 / 051

第十一课 / 052

一、表现力训练——眼神的表达 / 052

二、语音训练 / 053

　　词汇练习 / 053

　　绕口令：华华和红红 / 054

　　朗读：弟子规 / 054

三、朗诵训练 / 055

　　数星星 / 055

第十二课 / 057

一、表现力训练——眼神的表达 / 057

二、语音训练 / 058

    词汇练习 / 058

    绕口令：芜湖徐如玉 / 059

    朗读：弟子规 / 059

三、朗诵训练 / 060

    中国梦 / 060

第二级

第二级训练目的 / 064

第一课 / 065

一、表现力训练——变鬼脸表演 / 065

二、语音训练 / 065

    词汇练习 / 066

    绕口令：比尖 / 066

    朗读：弟子规 / 067

三、感受力训练 / 068

    乌鸦和选美 / 068

第二课 / 070

一、表现力训练——变鬼脸表演 / 070

二、语音训练 / 071

    词汇练习 / 071

    绕口令：七加一，七减一 / 072

    朗读：弟子规 / 072

三、感受力训练 / 073

    口渴的乌鸦 / 073

第三课 / 075

一、表现力训练——肢体表演 / 075

二、语音训练 / 076

    词汇练习 / 076

    绕口令：漆匠和锡匠 / 077

    朗读：弟子规 / 078

三、感受力训练 / 078

    乌龟与鹰 / 078

第四课 / 080

一、表现力训练——夸张表演 / 080

二、语音训练 / 080

    词汇练习 / 081

    绕口令：糊字纸 / 081

    朗读：弟子规 / 082

三、感受力训练 / 083

    骡子 / 083

第五课 / 085

一、表现力训练——夸张表演 / 085

二、语音训练 / 085

    词汇练习 / 086

    绕口令：比腿粗 / 086

    朗读：弟子规 / 087

三、感受力训练 / 088

    狮子与报恩的老鼠 / 088

第六课 / 090

一、表现力训练——夸张表演 / 090

二、语音训练 / 091

    词汇练习 / 091

    绕口令：桑树与枣树 / 091

朗读：弟子规 / 092

三、感受力训练 / 093

猴子的代价 / 093

第七课 / 095

一、表现力训练——夸张表演 / 095

二、语音训练 / 095

词汇练习 / 096

绕口令：知道不知道 / 096

朗读：弟子规 / 097

三、感受力训练 / 098

小蜘蛛和花蜘蛛 / 098

第八课 / 101

一、表现力训练——夸张表演 / 101

二、语音训练 / 101

词汇练习 / 102

绕口令：朱叔锄竹笋 / 102

朗读：弟子规 / 103

三、感受力训练 / 104

猴子、驴子和鼹鼠的牢骚 / 104

第九课 / 107

一、表现力训练——夸张表演 / 107

二、语音训练 / 107

词汇练习 / 108

绕口令：史老师讲时事 / 108

朗读：弟子规 / 109

三、感受力训练 / 110

贪心的小磁石 / 110

第十课 / 112

一、表现力训练——夸张表演 / 112

二、语音训练 / 112

词汇练习 / 113

绕口令：说日 / 113

朗读：弟子规 / 114

三、感受力训练 / 115

兔子与狼 / 115

第十一课 / 117

一、表现力训练——站姿训练 / 117

二、语音训练 / 117

词汇练习 / 118

绕口令：马大哈 / 118

朗读：弟子规 / 119

三、感受力训练 / 120

驴子沃里 / 120

第十二课 / 123

一、表现力训练——坐姿训练 / 123

二、语音训练 / 123

词汇练习 / 124

绕口令：簸谷子 / 124

朗读：弟子规 / 124

三、感受力训练 / 126

掉在井里的狐狸和公山羊 / 126

第三级

第三级训练目的 / 130

第一课 / 131

一、记忆力训练——颠三倒四来说话 / 131

二、语音训练 / 132

  词汇练习 / 132

  绕口令：鹅和河 / 132

  朗读：弟子规 / 133

三、感受力训练 / 134

  好强的公鸡 / 134

第二课 / 137

一、记忆力训练——颠三倒四来说话 / 137

二、语音训练 / 138

  词汇练习 / 138

  绕口令：王七上街去买席 / 138

  朗读：弟子规 / 139

三、感受力训练 / 140

  风与太阳的故事 / 140

第三课 / 143

一、记忆力训练——颠三倒四来说话 / 143

二、语音训练 / 144

  词汇练习 / 144

  绕口令：胡老五和吴小虎 / 145

  朗读：弟子规 / 146

三、感受力训练 / 146

  三人成虎 / 146

第四课 / 149

一、记忆力训练——颠三倒四来说话 / 149

二、语音训练 / 150

  词汇练习 / 150

  绕口令：村里新开一条渠 / 151

  朗读：弟子规 / 151

三、感受力训练 / 152

  画蛇添足 / 152

第五课 / 155

一、记忆力训练——颠三倒四来说话 / 155

二、语音训练 / 156

  词汇练习 / 156

  绕口令：瓣白菜 / 156

  朗读：弟子规 / 157

三、感受力训练 / 158

  狐假虎威 / 158

第六课 / 160

一、记忆力训练——颠三倒四来说话 / 160

二、语音训练 / 161

  词汇练习 / 161

  绕口令：冬天雪花是宝贝 / 161

  朗读：弟子规 / 162

三、感受力训练 / 162

  塞翁失马 / 162

第七课 / 165

一、记忆力训练——颠三倒四来说话 / 165

二、语音训练 / 166

  词汇练习 / 166

  绕口令：猫闹鸟 / 167

  朗读：弟子规 / 168

三、感受力训练 / 168

　　给予 / 168

第八课 / 171

一、记忆力训练——颠三倒四来说话 / 171

二、语音训练 / 172

　　词汇练习 / 172

　　绕口令：狗和猴 / 173

　　朗读：弟子规 / 173

三、感受力训练 / 174

　　蛤蟆的担忧 / 174

第九课 / 177

一、记忆力训练——颠三倒四来说话 / 177

二、语音训练 / 178

　　词汇练习 / 178

　　绕口令：茄子 / 178

　　朗读：弟子规 / 179

三、感受力训练 / 180

　　滥竽充数 / 180

第十课 / 183

一、记忆力训练——颠三倒四来说话 / 183

二、语音训练 / 184

　　词汇练习 / 184

　　绕口令：喜鹊 / 184

　　朗读：弟子规 / 185

三、感受力训练 / 186

　　高山流水 / 186

第十一课 / 189

一、记忆力训练——颠三倒四来说话 / 189

二、语音训练 / 190

　　词汇练习 / 190

　　绕口令：小柳和小妞 / 191

　　朗读：弟子规 / 191

三、感受力训练 / 192

　　染丝的联想 / 192

第十二课 / 195

一、记忆力训练——颠三倒四来说话 / 195

二、语音训练 / 196

　　词汇练习 / 196

　　绕口令：嘴和腿 / 197

　　朗读：弟子规 / 198

三、感受力训练 / 199

　　团结就是力量 / 199

测评内容与要求 / 202

后记 / 204

第一级

第一级训练目的

● 表现力训练——眼神训练目的

    1. 眼睛是心灵的窗户，而眼神则是透过窗户传递出的内心世界的本质。

    2. 眼神模仿，可以增添趣味，要学会用眼神表达情绪。

    3. 激发学生的副语言表现力。

    4. 准确把握不同眼神所传达出的不同情感。

    5. 眼神的交流可以提升信任感，拉近彼此的距离。

● 语音训练目的

    1. 通过朗读的方式，掌握声母的准确发音及用法。

    2. 初步了解舌位的动程。

    3. 拓展学生词汇量和知识面。

● 朗诵训练目的

    1. 掌握良好的发音状态。

    2. 激发学生朗诵的热情。

    3. 提升学生语言表达能力和舞台表现力。

    4. 感受朗诵的节奏和韵律之美，逐步提高朗诵水平，提升朗诵技巧。

第一课

一、表现力训练——眼神的表达

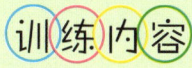

愉快的眼神

眼神作为副语言的一种，可以传递出许多情绪，例如愉快的眼神、愤怒的眼神、疑惑的眼神、惊讶的眼神等。

模仿图片中愉快的眼神。

想一件让自己愉快的事情。

训练提示

1. 通过文字描述或展示图片的形式，要求学生表现出愉快的眼神。

2. 通过微笑、大笑的方式，观察眼神的动态变化。

二、语音训练

训练内容

b——不送气、清塞音、双唇音，掌握声母 b 的正确发音。

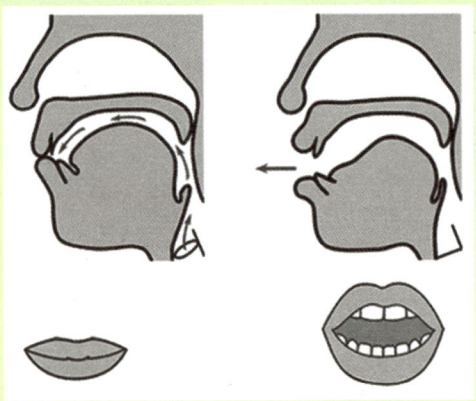

词汇练习

bēn bō	bō bào	bì bìng	biāo bīng	biàn bié
奔 波	播 报	弊 病	标 兵	辨 别

bǎi bù	bǎn bào	bāo biǎn	bīng báo	běn bù
摆 布	板 报	褒 贬	冰 雹	本 部

bǎi fā bǎi zhòng	bù bēi bù kàng	bēi shuǐ chē xīn
百 发 百 中	不 卑 不 亢	杯 水 车 薪

bān bó lù lí	bǎo jīng fēng shuāng
斑 驳 陆 离	饱 经 风 霜

绕口令

bā bǎi biāo bīng
八 百 标 兵

bā bǎi biāo bīng bèn běi pō
八 百 标 兵 奔 北 坡，
pào bīng bìng pái běi biān pǎo
炮 兵 并 排 北 边 跑。
pào bīng pà bǎ biāo bīng pèng
炮 兵 怕 把 标 兵 碰，
biāo bīng pà pèng pào bīng pào
标 兵 怕 碰 炮 兵 炮。

朗读

dì zǐ guī
弟 子 规

zǒng xù
总 叙

dì zǐ guī　　shèng rén xùn　　shǒu xiào tì　　cì jǐn xìn
弟 子 规　　圣 人 训　　首 孝 悌　　次 谨 信

注释

①圣人训：是圣人的教诲。

②首：首先。

③孝：孝顺父母；悌：友爱兄弟姐妹。

④次谨信：其次，谨言慎行、信守承诺。

训练提示

1. 发音时不要向内裹唇。

2. 先理解字词和句子的意思，再进行朗读，每个字的读音要准确无误。

三、朗诵训练

训练内容

校园美
xiào yuán měi

jiào xué lóu　　zhēn rè nao
教学楼，真热闹。
yáng liǔ qīng qīng huā ér qiào
杨柳青青花儿俏。
tóng xué men　　bèng yòu tiào
同学们，蹦又跳。
jiǎng wén míng　　dǒng lǐ mào
讲文明，懂礼貌。
jiàn lǎo shī　　wèn shēng hǎo
见老师，问声好。
jiàn tóng xué　　wèn shēng zǎo
见同学，问声早。
ài huán jìng　　chū xīn zhāo
爱环境，出新招。
yǒu lā jī　　zhuān rén guǎn
有垃圾，专人管。

jiàn fèi zhǐ　　wān yāo jiǎn
见 废 纸，弯 腰 捡。
hù huán jìng　　rén yǒu zé
护 环 境，人 有 责。
xiào yuán měi　　qí huān xiào
校 园 美，齐 欢 笑。

训练提示

结合情景，想象自己的校园生活，带入情感，再进行童谣表演，可邀请家长或小伙伴协助表演。

第二课

一、表现力训练——眼神的表达

悲伤的眼神

悲伤是我们常有的情绪反应，悲伤的眼神常出现在人们心情不好、情绪低落时，如伤心难过时。

模仿图片中悲伤的眼神。

想象自己心爱的宠物走丢了，体会难过的心情。

训练提示

1. 通过文字描述或展示图片的形式，要求学生表现出悲伤的眼神。

2. 通过撇嘴、哭泣的方式，感受眼神的动态变化。

3. 通过表演，体会悲伤的情绪。

二、语音训练

训练内容

p——送气、清塞音、双唇音，掌握声母 p 的正确发音。

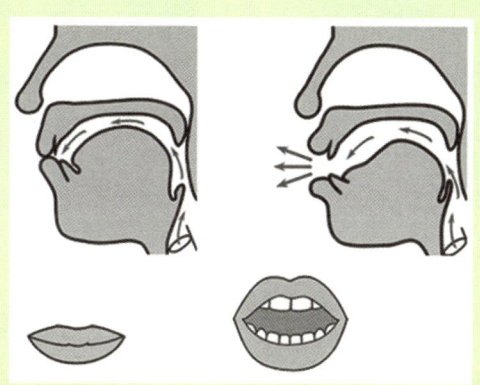

词汇练习

| péng pài | pá pō | pān pá | pī pàn | pū pái |
| 澎 湃 | 爬 坡 | 攀 爬 | 批 判 | 铺 排 |

píng pàn　　pīng pāng　　piáo pō　　pǐn pái　　piān páng
评 判　　　乒 乓　　　瓢 泼　　品 牌　　偏 旁

páng guān zhě qīng　　pǎo mǎ guān huā　　píng xīn jìng qì
旁 观 者 清　　　　跑 马 观 花　　　平 心 静 气

pāo zhuān yǐn yù　　pò fǔ chén zhōu
抛 砖 引 玉　　　破 釜 沉 舟

绕口令

爸爸抱宝宝
（bà ba bào bǎo bao）

爸爸抱宝宝，
（bà ba bào bǎo bao）

跑到布铺买布做长袍。
（pǎo dào bù pù mǎi bù zuò cháng páo）

宝宝穿了长袍不会跑，
（bǎo bao chuān le cháng páo bù huì pǎo）

跑了八步就拉破了布长袍。
（pǎo le bā bù jiù lā pò le bù cháng páo）

布长袍破了还要用布补，
（bù cháng páo pò le hái yào yòng bù bǔ）

再跑到布铺买布补长袍。
（zài pǎo dào bù pù mǎi bù bǔ cháng páo）

朗读

弟子规
（dì zǐ guī）

总叙
（zǒng xù）

泛爱众　而亲仁　有余力　则学文
（fàn ài zhòng　ér qīn rén　yǒu yú lì　zé xué wén）

注释

①泛爱众：博爱大众。

②而亲仁：与仁德的人亲近。

③有余力：若有多余的精力（提高自己的思想道德水平）。

④则学文：就要多做学问。

> **训练提示**

1. b、p 同为双唇音，发音相似，不要混淆。
2. 熟读绕口令和《弟子规》中的《入则孝》的内容。

三、朗诵训练

> **训练内容**

爱祖国（ài zǔ guó）

吕艳佳（lǚ yàn jiā）

祖国祖国我爱你，
从小养成好品质。
立志苦学长本领，
勤俭节约是美德。
光盘行动我先做，
环保卫士我争先。
文明素质在提升，
和谐社会新风尚。

团结友爱暖心窝，
儿女共圆中国梦！
少年中国梦。

训练提示

1. 注意把握朗诵的节奏。
2. 注意多音字的使用。
3. 边读边学边做，加上动作，使朗诵更加生动。

第三课

一、表现力训练——眼神的表达

训练内容

惊讶的眼神

惊讶是我们对突如其来的某些人、事、物感到意外时流露出的奇怪、惊异的情绪。

模仿图片中惊讶的眼神。

想象父母突然送给你一件你最想要的礼物，表现看到礼物时的样子。

训练提示

1. 通过文字描述或展示图片的形式，要求学生做出惊讶的眼神。
2. 通过张大嘴、瞪大双眼的方式，感受眼神的动态变化。
3. 结合情景表演，感受惊讶的眼神。

二、语音训练

训练内容

m——浊鼻音、双唇音，掌握声母 m 的正确发音。

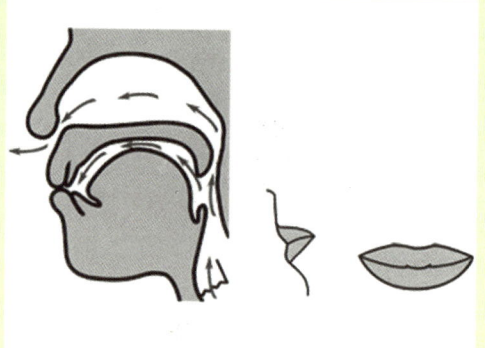

词汇练习

měi miào	mí màn	mìng mài	máng mù	miàn mào
美妙	弥漫	命脉	盲目	面貌

mái mò	mào mì	míng mèi	mǐn miè	miáo mó
埋没	茂密	明媚	泯灭	描摹

mǎn miàn chūn fēng	měi lún měi huàn	máo sè dùn kāi
满面春风	美轮美奂	茅塞顿开

mò míng qí miào	miàn mù quán fēi
莫名其妙	面目全非

绕口令

白庙和白猫

白庙外蹲着一只白猫，
白庙里有一顶白帽。
白庙外的白猫看见了白帽，
叼着白庙里的白帽跑出了白庙。

朗读

弟子规

入则孝

父母呼　应勿缓　父母命　行勿懒

注释

①呼：呼唤。

②应勿缓：应该及时应答，不要故意拖延。

③命：交代的事情。

④行勿懒：不要偷懒，立即去做。

训练提示

1. 双唇不要向内裹唇。

2. 发音准确无误。

3. 理解并熟读《弟子规》中的《入则孝》的内容。

三、朗诵训练

训练内容

hé　huā　chí
荷 花 池

hé　huā　chí　　　hé　huā　chí
荷 花 池， 荷 花 池，
hé　huā　chí　zhōng　hé　huā　hóng
荷 花 池 中 荷 花 红。
hé　huā　bàn　xià　yè　sè　cuì
荷 花 瓣 下 叶 色 翠，

zuān chū nèn lǜ xiǎo lián péng
钻出嫩绿小莲蓬。
yī wěi hóng lǐ chí zhōng yuè
一尾红鲤池中跃，
yìng de hé huā bié yàng hóng
映得荷花别样红。

第一级 第三课

训练提示

1. 结合情景，叙述自己看到的荷花池的样子。
2. 在朗诵过程中，可想象荷花池的画面。

一、表现力训练——眼神的表达

训练内容

疲惫的眼神

疲惫的眼神是指由于过度疲劳、疲倦而导致的精神状态不佳，眼神中失去光彩，呈现出呆滞、没精神的状态。

模仿图片中疲惫的眼神。

回忆一件近期让自己感到疲倦的事情。

训练提示

1. 通过描述文字或展示图片的形式，要求学生表现出疲惫的眼神。

2. 通过打瞌睡的方式，感受疲惫状态下双眼无神的情况。

二、语音训练

训练内容

f——清擦音、唇齿音，掌握声母 f 的正确发音。

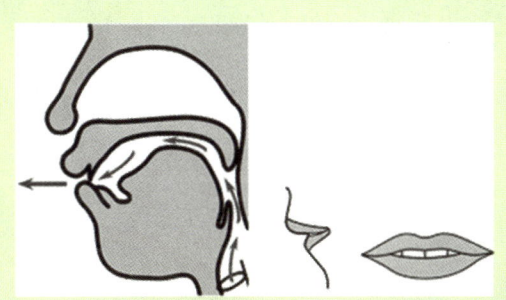

词汇练习

fā fèn	fēn fāng	fēi fán	fǎng fú	fāng fǎ
发奋	芬芳	非凡	仿佛	方法

fēng fàn	fù fāng	fú fǎ	fā fàng	fēn fù
风范	复方	伏法	发放	吩咐

fā yáng guāng dà　　fēng chuī cǎo dòng　　fēng gōng wěi jì
发 扬 光 大　　风 吹 草 动　　丰 功 伟 绩

fēi shā zǒu shí　　fān lái fù qù
飞 沙 走 石　　翻 来 覆 去

绕口令

画凤凰
huà fèng huáng

粉红墙上画凤凰,
fěn hóng qiáng shang huà fèng huáng

凤凰画在粉红墙。
fèng huáng huà zài fěn hóng qiáng

红凤凰, 黄凤凰,
hóng fèng huáng huáng fèng huáng

红粉凤凰, 花凤凰。
hóng fěn fèng huáng huā fèng huáng

朗读

弟子规
dì zǐ guī

入 则 孝
rù zé xiào

父 母 教　　须 敬 听　　父 母 责　　须 顺 承
fù mǔ jiào　　xū jìng tīng　　fù mǔ zé　　xū shùn chéng

注释

①教：教诲。

②须敬听：应该态度恭敬地聆听。

③责：批评。

④须顺承：应该态度恭顺，无论父母对错与否，都不能顶撞。

训练提示

1. 发 f 音时不要用力咬下嘴唇。

2. 绕口令难度加大，先确保读准确，再确保速度。

3. 熟读朗读内容，结合前面所学内容，对《弟子规》中的《入则孝》的内容进行复习。

三、朗诵训练

训练内容

zuò hé gé xiǎo gōng mín
做 合 格 小 公 民

tóng yáo shēng shēng chàng bù tíng
童 谣 声 声 唱 不 停，

zǔ guó wèi lái shuài xiān xíng
祖 国 未 来 率 先 行。

富强民主"中国梦",
文明和谐大家庭。
自由平等人人爱,
公正法治是天平。
爱国敬业要牢记,
诚信友善见真情。
争当"文明小使者",
要做合格小公民。

训练提示

1. 由点及面,先说说自己的小梦想,再畅想伟大的"中国梦"。

2. 体会童谣中句尾的押韵。

第五课

一、表现力训练——眼神的表达

训练内容

愤怒的眼神

愤怒是我们常有的一种情绪，常常是在没有达到目的时出现的一种紧张不安而生气的情绪，对某一人、事、物极度反感时也会出现。

模仿图片中愤怒的眼神。

以愤怒为主题，自设情景进行表演。

训练提示

1. 通过结合生活中自身的实际状况，体会愤怒情绪带来的眼神变化。

2. 愤怒的情绪分为生气和反感两种，要注意区分。

二、语音训练

训练内容

d——不送气、清塞音、舌尖中音，掌握声母 d 的正确发音。

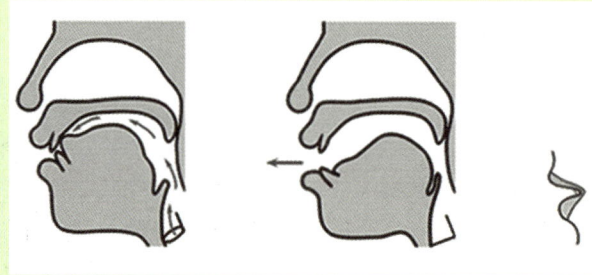

词汇练习

dào dá	děng dài	dào dé	dāng dài	dān diào
到达	等待	道德	当代	单调

dǐ dǎng	duàn dìng	dìng dān	dà dòu	dé dàng
抵挡	断定	订单	大豆	得当

duì dá rú liú　　dāng jī lì duàn　　dà míng dǐng dǐng
对 答 如 流　　当 机 立 断　　大 名 鼎 鼎

dú duàn zhuān xíng　　dān dāo zhí rù
独 断 专 行　　单 刀 直 入

绕口令

打(dǎ) 特(tè) 盗(dào)

调(diào)到(dào)敌(dí)岛(dǎo)打(dǎ)特(tè)盗(dào)，特(tè)盗(dào)太(tài)刁(diāo)投(tóu)短(duǎn)刀(dāo)。
挡(dǎng)推(tuī)顶(dǐng)打(dǎ)短(duǎn)刀(dāo)掉(diào)，踏(tà)盗(dào)得(dé)刀(dāo)盗(dào)打(dǎ)倒(dǎo)。

朗读

弟(dì) 子(zǐ) 规(guī)

入(rù) 则(zé) 孝(xiào)

冬(dōng)则(zé)温(wēn)　夏(xià)则(zé)清(qīng)　晨(chén)则(zé)省(xǐng)　昏(hūn)则(zé)定(dìng)

第一级　第五课

注释

①温：使（被窝）温暖。

②清：使（床铺）清凉。

③省：探望，请安问好。

④昏则定：晚上应该伺候父母休息后，再入睡。

（此处引用古代"二十四孝"中黄香的典故）

训练提示

1. 发声母 d 这个音时，舌位要准确，牙齿不要咬舌尖，舌尖要抵住上齿龈，弹动要灵巧。

2. 做朗读训练时，要先确保发音准确，再提升速度。

3. 思考题：我们该如何孝敬父母？

三、朗诵训练

训练内容

数枣
shǔ zǎo

出东门，过大桥，大桥前面一树枣。
chū dōng mén　guò dà qiáo　dà qiáo qián miàn yī shù zǎo

拿着竿子去打枣，青的多，红的少。
ná zhe gān zi qù dǎ zǎo　qīng de duō　hóng de shǎo

yī gè zǎo, liǎng gè zǎo, sān gè zǎo, sì gè zǎo,
一 个 枣，两 个 枣，三 个 枣，四 个 枣，
wǔ gè zǎo, liù gè zǎo, qī gè zǎo, bā gè zǎo,
五 个 枣，六 个 枣，七 个 枣，八 个 枣，
jiǔ gè zǎo, shí gè zǎo; shí gè zǎo, jiǔ gè zǎo,
九 个 枣，十 个 枣；十 个 枣，九 个 枣，
bā gè zǎo, qī gè zǎo, liù gè zǎo, wǔ gè zǎo,
八 个 枣，七 个 枣，六 个 枣，五 个 枣，
sì gè zǎo, sān gè zǎo, liǎng gè zǎo, yī gè zǎo,
四 个 枣，三 个 枣，两 个 枣，一 个 枣，
zhè shì rào kǒu lìng, yī kǒu qì shuō wán cái suàn hǎo
这 是 绕 口 令，一 口 气 说 完 才 算 好。

训练提示

1. 初学者不用一口气说完这个绕口令，应循序渐进地进行。
2. 注意绕口令中"一"的声调变化。

第 六 课

一、表现力训练——眼神的表达

训练内容

疑惑的眼神

疑惑是指对某一人、事、物不清楚、不了解、不信任，有疑虑和困惑。

模仿图片中疑惑的眼神。

试想上课遇到不会的问题时疑惑的样子。

训练提示

1. 可将自己的表情拍成照片，对比不同情绪下眼神的变化。
2. 面部表情的配合更能凸显表现力。

二、语音训练

训练内容

t——送气、清塞音、舌尖音，掌握声母 t 的正确发音。

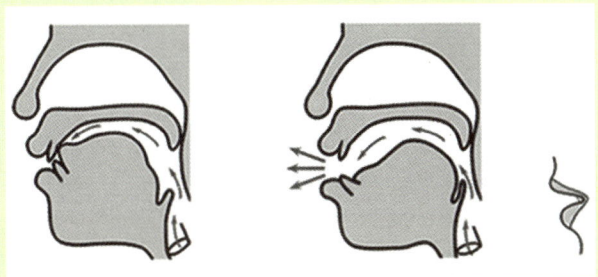

词汇练习

tiān táng	tuán tǐ	téng tòng	tái tóu	tàn tǎo
天 堂	团 体	疼 痛	抬 头	探 讨

tǐ tiē	tī tián	tūn tǔ	tiào tái	tuī tuō
体 贴	梯 田	吞 吐	跳 台	推 脱

tōng xiāo dá dàn	tóu bǐ cóng róng	tǔ bēng wǎ jiě
通 宵 达 旦	投 笔 从 戎	土 崩 瓦 解

tiě zhèng rú shān	tuī bō zhù lán
铁 证 如 山	推 波 助 澜

绕口令

bái shí tǎ
白 石 塔

bái shí tǎ　　bái shí dā　　bái shí dā　bái tǎ
白 石 塔，白 石 搭，白 石 搭 白 塔，
bái tǎ bái shí dā　　dā hǎo bái shí tǎ　　bái tǎ bái yòu dà
白 塔 白 石 搭，搭 好 白 石 塔，白 塔 白 又 大。

朗读

dì zǐ guī
弟 子 规

rù zé xiào
入 则 孝

chū bì gào　　fǎn bì miàn　　jū yǒu cháng　　yè wú biàn
出 必 告　　反 必 面　　居 有 常　　业 无 变

注释

①出必告：出门前应该告知（父母）自己的去向，免得父母因找不到自己而担忧。

②反必面："反"通"返"，返回。回家后，应当先与父母见面，报平安。

③居有常：居住的地方要尽量固定，不要经常搬家。

④业无变：谋生的工作也不要经常更换。

训练提示

1. 声母 d、t 的发音容易混淆，注意区分。

2. 背诵绕口令《白石塔》。

三、朗诵训练

训练内容

十二月子 (shí èr yuè zi)

正月十五汤圆子，二月惊蛰喂丸子。
zhēng yuè shí wǔ tāng yuán zi, èr yuè jīng zhé wèi wán zi

三月清明下种子，四月芒种栽秧子。
sān yuè qīng míng xià zhǒng zi, sì yuè máng zhòng zāi yāng zi

五月端阳包粽子，六月天热扇扇子。
wǔ yuè duān yáng bāo zòng zi, liù yuè tiān rè shān shàn zi

七月中旬舂谷子，八月十五杀鸭子。
qī yuè zhōng xún chōng gǔ zi, bā yuè shí wǔ shā yā zi

九月重阳扬谷子，十月小雪穿袄子。
jiǔ yuè chóng yáng yáng gǔ zi, shí yuè xiǎo xuě chuān ǎo zi

冬月天寒杀蝗子，腊月除夕吃饺子。
dōng yuè tiān hán shā huáng zi, là yuè chú xī chī jiǎo zi

第一级　第六课

训练提示

1. 注意"子"读轻声。
2. 观察每个月的变化。

031

第七课

一、表现力训练——眼神的表达

训练内容

骄傲的眼神

骄傲是一种内在的情绪,它的意思可分为两类:1.贬义词,一种对于自身成就的炫耀,过于自负、傲慢,看不起别人;2.褒义词,值得自豪的某些人、事、物,是一种满意的情绪。

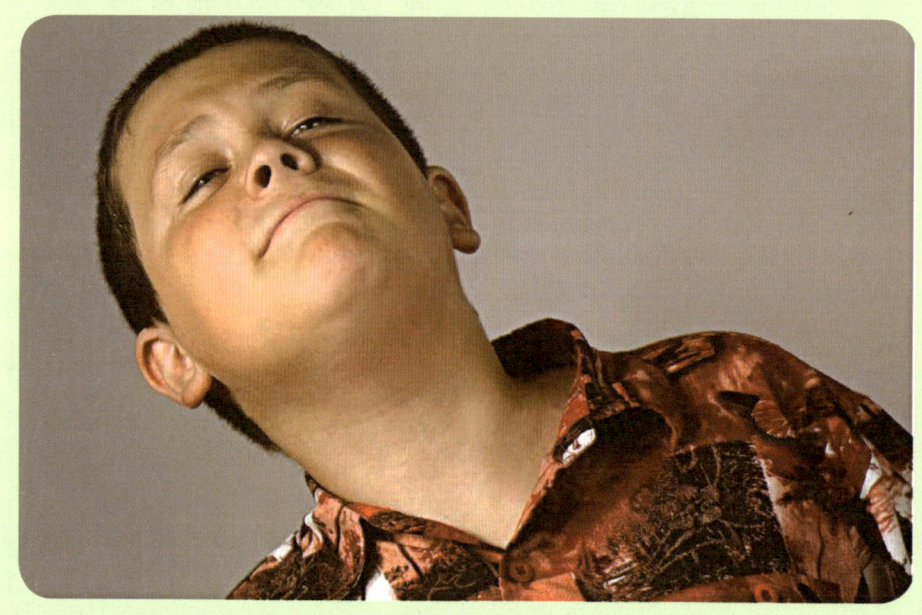

模仿图片中骄傲的眼神。

试想自己获奖时的情景。

训练提示

1. 骄傲有褒义和贬义两种意义，注意区分眼神的不同。

2. 贬义的骄傲中要透露出傲慢的感觉。

3. 可通过奥运会金牌获得者的表情感受褒义的骄傲。

二、语音训练

训练内容

n——浊鼻音，掌握声母 n 的正确发音。

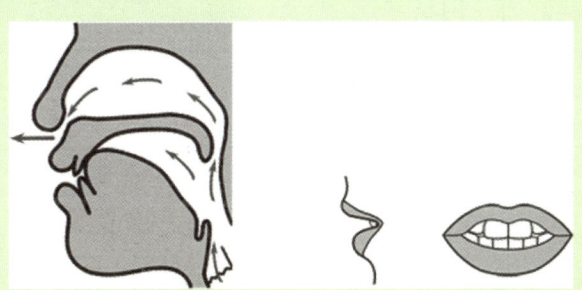

词汇练习

| niú nǎi | nán nǚ | ní nìng | nǎo nù | nóng nú |
| 牛 奶 | 男 女 | 泥 泞 | 恼 怒 | 农 奴 |

| nán níng | néng nài | nèi néng | nǎi niú | nián nián |
| 南 宁 | 能 耐 | 内 能 | 奶 牛 | 年 年 |

nán qiāng běi diào　　nóng mò zhòng cǎi　　nán néng kě guì
南 腔 北 调　　浓 墨 重 彩　　难 能 可 贵

nǎo xiū chéng nù　　nù fà chōng guān
恼 羞 成 怒　　怒 发 冲 冠

绕口令

刘奶奶买牛奶

刘奶奶买了瓶牛奶，
牛奶奶买了斤牛肉，
刘奶奶拿错了牛奶奶的牛肉，
牛奶奶拿错了刘奶奶的牛奶，
到底是牛奶奶拿错了刘奶奶的牛肉，
还是牛奶奶错拿了刘奶奶的牛奶。

朗读

dì zǐ guī
弟 子 规

rù zé xiào
入 则 孝

shì suī xiǎo　　wù shàn wéi　　gǒu shàn wéi　　zǐ dào kuī
事 虽 小　　勿 擅 为　　苟 擅 为　　子 道 亏

注释

①勿擅为：不要擅自做主和行动。

②苟擅为：如果擅自行动。

③子道亏：有失做子女的本分。

训练提示

1. n 和 m 一样，为浊鼻音，声音从鼻腔发出。

2. 绕口令发音准确无误，不要混淆 n、l。

3. 熟读并理解所学《弟子规》中的《入则孝》的内容。

三、朗诵训练

训练内容

二月二 (èr yuè èr)

二月二（èr yuè èr），敲锣沿（qiāo luó yán），蝎子（xiē zi）、蜻蜓不见面（qīng tíng bù jiàn miàn）。
二月二（èr yuè èr），敲墙头（qiāo qiáng tóu），开春地里赶老牛（kāi chūn dì lǐ gǎn lǎo niú）。
二月二（èr yuè èr），敲房角（qiāo fáng jiǎo），五谷杂粮往家挑（wǔ gǔ zá liáng wǎng jiā tiāo）。
二月二（èr yuè èr），敲磨盘（qiāo mò pán），大米（dà mǐ）、白面推不完（bái miàn tuī bù wán）。
二月二（èr yuè èr），敲窗台（qiāo chuāng tái），金子（jīn zi）、银子往家抬（yín zi wǎng jiā tái）。

训练提示

1. 了解当地关于"二月二"的风俗。

2. 注意"不"的发音。

3. 体会童谣的音律节奏。

第八课

一、表现力训练——眼神的表达

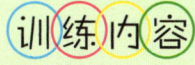

害怕的眼神

害怕是人们面临危险时，心里产生的一种不安、恐惧和惊慌的情绪。

模仿图片中害怕的眼神。

给同学讲一件你认为可怕的事情。

训练提示

1. 想象多种令自己害怕的场景。

2. 害怕通常与恐惧联系在一起，伴随着其他一些紧张不安的情绪。

3. 想想什么是最让自己害怕的。

二、语音训练

训练内容

l——浊边音，掌握声母 l 的正确发音。

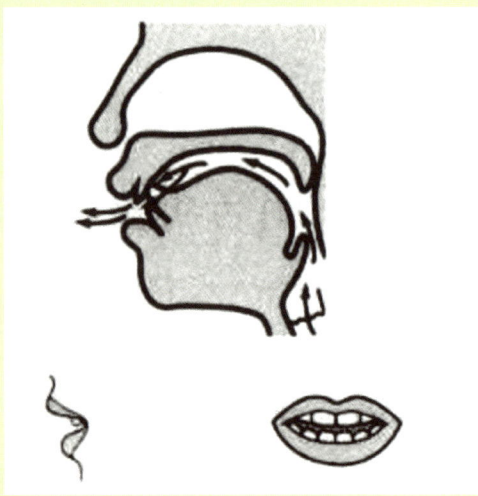

词汇练习

| liú lì | láo lèi | lā lǒng | lěng luò | lǐn liè |
| 流利 | 劳累 | 拉拢 | 冷落 | 凛冽 |

| lán lǚ | liú làng | lì liàn | lián luò | lǐng lüè |
| 褴褛 | 流浪 | 历练 | 联络 | 领略 |

lǐ shàng wǎng lái　　lì wǎn kuáng lán　　lín láng mǎn mù
礼尚往来　　力挽狂澜　　琳琅满目

liú lián wàng fǎn　　líng lóng tī tòu
流连忘返　　玲珑剔透

绕口令

老刘和老牛

老刘和老牛,南宁南岭农场去拉粮,老刘拉了六千六百六十六斤六两六的粮,老牛也拉了六千六百六十六斤六两六的粮,两人拉了俩六千六百六十六斤六两六的粮。

第一级 第八课

朗读

弟子规

入则孝

物虽小 勿私藏 苟私藏 亲心伤

注释

①私藏：私下隐瞒，藏匿。

②苟：如果。

③亲心伤：父母会伤心。

训练提示

1. 注意 n、l 读音的区分，不要混淆。
2. 发音时注意舌位，一定要准确，灵活有力度。

三、朗诵训练

训练内容

三个人一齐出大力
（sān gè rén yī qí chū dà lì）

一二三，三二一，
（yī èr sān，sān èr yī，）

一二三四五六七，
（yī èr sān sì wǔ liù qī，）

七六五四三二一。
（qī liù wǔ sì sān èr yī。）

一个姑娘来摘李，
（yī gè gū niang lái zhāi lǐ，）

一个小孩儿来摘栗，
（yī gè xiǎo hái er lái zhāi lì，）

一个小伙儿来摘梨，
三个人一齐出大力，
收完李子、栗子、梨，
一起拉到市场去赶集。

训练提示

1. 注意"一"的变调。
2. 阅读"一根筷子易折断"的故事。

一、表现力训练——眼神的表达

训练内容

警惕的眼神

警惕是指对可能发生的危险情况或错误倾向产生高度的注意，保持小心敏锐的情绪。

模仿图片中警惕的眼神。

试想当你一个人在家，突然有陌生人敲门……

🔵训🟡练🟠提🟢示

1. 强调思想上的高度重视，对任何事情都要保持戒心并在长时间内关注。

2. 警惕的眼神中可能包含害怕的情绪。

3. 讲述有哪些事情让你产生警惕的情绪。

二、语音训练

🔵训🟡练🟠内🟢容

g——不送气、清塞音、舌根音，掌握声母 g 的正确发音。

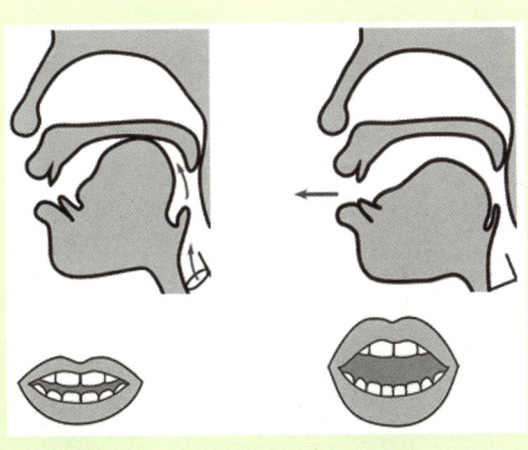

词汇练习

gāo gē	guā guǒ	gān gà	guàn gài	gǎi guān
高歌	瓜果	尴尬	灌溉	改观

guǎng gào	guāng gù	gěng gài	gǒng gù
广告	光顾	梗概	巩固

guǎng kāi yán lù　　gāo tán kuò lùn　　gǎn rén fèi fǔ
广　开　言　路　　高　谈　阔　论　　感　人　肺　腑

guāng cǎi duó mù　　guān miǎn táng huáng
光　彩　夺　目　　冠　冕　堂　皇

绕口令

dú gǔ tōng gǔ
读 古 通 古

kǔ dú gǔ shū dǒng gǔ tōng gǔ shú gǔ,
苦 读 古 书 懂 古 通 古 熟 古，

bù dú gǔ shū bù dǒng gǔ bù tōng gǔ hú tu gǔ.
不 读 古 书 不 懂 古 不 通 古 糊 涂 古。

朗读

弟子规
入则孝

亲(qīn)所(suǒ)好(hào) 力(lì)为(wèi)具(jù) 亲(qīn)所(suǒ)恶(wù) 谨(jǐn)为(wèi)去(qù)
身(shēn)有(yǒu)伤(shāng) 贻(yí)亲(qīn)忧(yōu) 德(dé)有(yǒu)伤(shāng) 贻(yí)亲(qīn)羞(xiū)

注释

①好：喜欢的事情。

②力为具：应该尽力去做。

③恶：厌恶的事情。

④谨为去：应该小心谨慎不去做。

⑤伤：使之受到伤害。

⑥贻亲忧：必然会引起父母忧虑。

⑦德有伤：德行受到损害。

⑧羞：使之蒙羞。

训练提示

1. 发音时，舌根抵住或接近软硬腭交界处，舌位靠后。

2. 多次阅读《入则孝》，注意理解文章的意思。

3. 绕口令有难度，在保证发音准确的前提下提升速度。

三、朗诵训练

训练内容

快乐的小鱼

我家住在绿水中,游来游去乐融融。
绿水茫茫无边际,住在水中真有趣。
虾兵蟹将好朋友,随波逐流趣味浓。
但愿渔翁不来扰,自由自在乐无穷。

训练提示

1. 注意"朋友"的读音。
2. 自己尝试编一首关于动物的童谣。

第十课

一、表现力训练——眼神的表达

训练内容

紧张的眼神

紧张是人对外界事物的过激反应，紧张不仅是一种情绪，还会引发注意力不集中、头疼、疲惫、不安等症状。

模仿图片中紧张的眼神。

回想第一次上台表演前的不安的状态。

🔵🟡🟢🔴 训练提示

1. 紧张时会有一些肢体动作，比如搓手、来回踱步等。
2. 对一件事太过重视时，人们更容易出现紧张的情绪。
3. 人在紧张状态下，时常会眉头紧锁。

二、语音训练

🔵🟡🟢🔴 训练内容

k——送气、清塞音、舌根音，掌握声母 k 的正确发音。

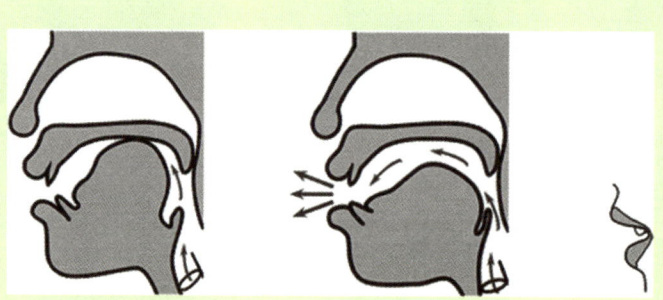

词汇练习

kè kǔ	kōng kuàng	kǎn kě	kē kè	kāi kuàng
刻苦	空旷	坎坷	苛刻	开矿

kuān kuò	kuī kōng	kāng kǎi	kě kào	kāi kěn
宽阔	亏空	慷慨	可靠	开垦

kāng zhuāng dà dào　　kě gē kě qì　　kè gǔ míng xīn
康　庄　大　道　　可　歌　可　泣　　刻　骨　铭　心

kǔ jìn gān lái　　kōng qián jué hòu
苦　尽　甘　来　　空　前　绝　后

绕口令

gē kuà guā kuāng guò kuān gōu
哥 挎 瓜 筐 过 宽 沟

gē kuà guā kuāng guò kuān gōu,　gǎn kuài guò gōu kàn guài gǒu,
哥 挎 瓜 筐 过 宽 沟，赶 快 过 沟 看 怪 狗，

guāng kàn guài gǒu guā kuāng kòu,　guā gǔn kuāng kōng gē guài gǒu.
光 看 怪 狗 瓜 筐 扣，瓜 滚 筐 空 哥 怪 狗。

朗读

弟子规
dì zǐ guī

入则孝
rù zé xiào

亲爱我　孝何难　亲憎我　孝方贤
qīn ài wǒ　xiào hé nán　qīn zēng wǒ　xiào fāng xián

亲有过　谏使更　怡吾色　柔吾声
qīn yǒu guò　jiàn shǐ gēng　yí wú sè　róu wú shēng

注释

①爱：慈爱。

②孝何难：孝敬不是什么难事。

③憎：批评、埋怨、憎恨。

④孝方贤：对（父母）仍有孝心才难能可贵。

⑤过：过错。

⑥谏使更：应该尽力劝说父母使其改过向善，以免铸成更大的错误。

⑦怡吾色：劝说时尽可能和颜悦色、态度诚恳。

⑧柔吾声：说话的时候应该语气柔和。

训练提示

1. 注意区分 g、k 的发音。

2. 注意训练内容中的多音字。

3. 理解并熟读《弟子规》中的《入则孝》的内容。

三、朗诵训练

训练内容

声律启蒙·一东

云对雨，雪对风，晚照对晴空。
来鸿对去燕，宿鸟对鸣虫。
三尺剑，六钧弓，岭北对江东。
人间清暑殿，天上广寒宫。
两岸晓烟杨柳绿，一园春雨杏花红。
两鬓风霜，途次早行之客；
一蓑烟雨，溪边晚钓之翁。

训练提示

1. 注意文中"一"的变调。
2. 发现声律规律。

一、表现力训练——眼神的表达

厌恶的眼神

厌恶是一种反感的情绪，极容易从眼神中透露出来。产生厌恶情绪的原因有很多种，令人不喜的触觉、嗅觉等都可能导致人们产生厌恶情绪，通常表现为对某些人、事、物感到恶心、厌烦、不耐烦。

模仿图片中厌恶的眼神。

想象一件让自己厌恶的事情。

◉ 训练提示

1. 厌恶的眼神通常伴随其他面部微表情，比如上嘴唇上扬、皱眉等。

2. 编排一个以"厌恶"为主题的情景表演。

二、语音训练

◉ 训练内容

h——清擦音、舌根音，掌握声母 h 的正确发音。

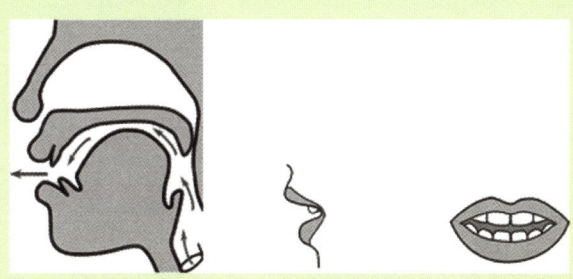

词汇练习

hé huā	huān hū	hún hòu	huì huà	huī huáng
荷花	欢呼	浑厚	绘画	辉煌
háng hǎi	huǎn hé	hòu huǐ	hào hàn	hān hòu
航海	缓和	后悔	浩瀚	憨厚

hào rú yān hǎi　　huī hàn rú yǔ　　huì shēng huì sè
浩 如 烟 海　　挥 汗 如 雨　　绘 声 绘 色

hào gāo wù yuǎn　　hū fēng huàn yǔ
好 高 鹜 远　　呼 风 唤 雨

绕口令

华华和红红
huá huá hé hóng hong

huá hua yǒu liǎng duǒ huáng huā
华 华 有 两 朵 黄 花，
hóng hong yǒu liǎng duǒ hóng huā
红 红 有 两 朵 红 花，
huá hua yào hóng huā   hóng hong yào huáng huā
华 华 要 红 花， 红 红 要 黄 花。
huá hua sòng gěi hóng hong yī duǒ huáng huā
华 华 送 给 红 红 一 朵 黄 花，
hóng hong sòng gěi huá hua yī duǒ hóng huā
红 红 送 给 华 华 一 朵 红 花。

朗读

弟子规
dì zǐ guī

入 则 孝
rù zé xiào

jiàn bù rù	yuè fù jiàn	háo qì suí	tà wú yuàn
谏 不 入	悦 复 谏	号 泣 随	挞 无 怨
qīn yǒu jí	yào xiān cháng	zhòu yè shì	bù lí chuáng
亲 有 疾	药 先 尝	昼 夜 侍	不 离 床

注释

①谏不入：如果自己的劝说父母听不进去。

②悦复谏：等到父母心情愉悦的时候再劝。

③号泣随：如果父母不听劝，又哭又闹，就暂时顺从父母。

④挞无怨：如果把父母劝恼，他们生气地责打自己，不要心生怨恨，更不要当面埋怨。

⑤疾：生病。

⑥侍：服侍。

训练提示

1. 发音时应注意区分 h、f 的读音，不要混淆。
2. 注意"不"和"号"的读音。

三、朗诵训练

训练内容

shǔ xīng xing
数 星 星

běi dǒu qī xīng dì xiong duō
北 斗 七 星 弟 兄 多，
nán dǒu liù xīng shǎo yī kē
南 斗 六 星 少 一 颗。

dōng dǒu wǔ xīng ān tiān xià
东 斗 五 星 安 天 下，
xī dǒu sì xīng zhī líng luó
西 斗 四 星 织 绫 罗。
niú láng jiù zài hé dōng àn
牛 郎 就 在 河 东 岸，
zhī nǚ jiù zài hé xī pō
织 女 就 在 河 西 坡。

训练提示

1. "数"是多音字，在朗诵作品中要注意。
2. 说说你所知道的星宿。

第十二课

一、表现力训练——眼神的表达

训练内容

好奇的眼神

好奇是一种对未知事物感兴趣、充满新鲜感的情绪表现。

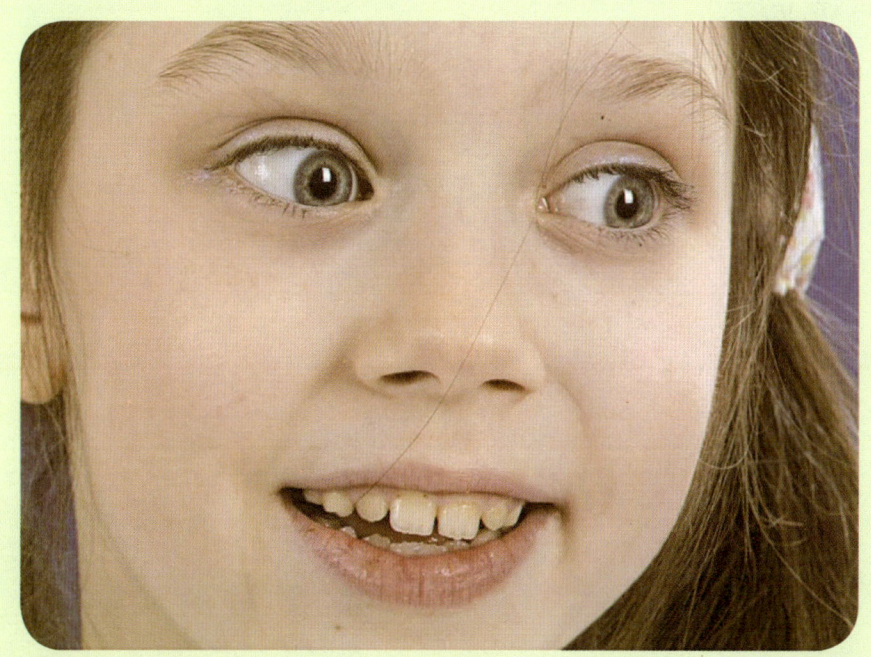

模仿图片中好奇的眼神。

试想自己看到房间里有个礼物,想要知道里面是什么东西时的情绪。

训练提示

好奇的眼神常伴随着眼睛睁大、眉毛上扬等微表情。

好奇心是人们常有的，感受一下在好奇的情绪下眼神的变化。

二、语音训练

训练内容

零声母：部分汉字读音只有韵母音，没有声母音，如耳(ěr)、安(ān)、欧(ōu)等。汉字声母读音与韵母的首发音相同时如声母 y 与韵母 i、声母 w 与韵母 u，就会出现零声母的现象，如夜(yè)、无(wú)、鱼(yú)等。

词汇练习

ào yùn	yíng yǎng	wén wù	é wài	áng yáng
奥运	营养	文物	额外	昂扬
yì yì	yǒu yì	yìng yāo	wú wèi	wēi wàng
意义	友谊	应邀	无畏	威望
yuè yǔ	yùn yù	yǒng yuǎn	yǔ yán	yǒng yuè
粤语	孕育	永远	语言	踊跃

绕口令

芜湖徐如玉

芜湖徐如玉，出去屡次遇大雾。
曲阜苏渔庐，上路五度遇大雨。

朗读

弟子规

入则孝

丧三年　常悲咽　居处变　酒肉绝
丧尽礼　祭尽诚　事死者　如事生

注释

①丧：守孝。

②常悲咽：经常追思、感怀父母的养育之恩。

③居处变：居住、生活的地方要变得简朴。

④酒肉绝：戒酒戒肉。

⑤丧尽礼：办理父母的丧事要合乎礼节。

⑥祭尽诚：祭奠父母要诚心诚意。

⑦事死者：对待去世的父母。

⑧如事生：要像生前一样恭敬。

训练提示

1. 理解"零声母"的意义，并举出几个零声母的例子。

2. 绕口令有一定难度，先读准确再提升速度。

3. 复习《弟子规》中《总叙》《入则孝》的全部内容。

三、朗诵训练

训练内容

zhōng guó mèng
中 国 梦

zhōng guó mèng　　mèng hé píng　　hé hé měi měi qí lè xiǎng
中 国 梦， 梦 和 平， 和 和 美 美 齐 乐 享，

欢声笑语溢四方。中国梦，谋发展，
国家强大是关键，创新创业求共赢。
小学生，树理想，努力学习与健体，
争做祖国接班人，铸就我们中国梦。

训练提示

1. 理解中国梦的核心内容。
2. 以"中国梦"为主题编写一篇童谣。

第二级

第二级训练目的

● 表现力训练——表演训练目的

1. 解放天性、消除紧张感，挖掘学生的潜能。
2. 独立思考、活跃想象力，提升学生独立表现力和创造力。
3. 善于观察、增强感受力，使舞台表现更生动、更具有张力。
4. 小组表演，调动积极性、增强团队合作的默契。
5. 形体训练，展现姿态美、提起"精气神"。

● 语音训练目的

1. 通过朗读的方式，掌握声母、元音韵母的准确发音及用法。
2. 初步了解舌位的动程。
3. 拓展学生词汇量和知识面。

● 感受力训练目的

1. 寓教于乐，通过朗诵寓言故事夯实基本功。
2. 寓言朗诵可以增添学生的兴趣和积极性，体会寓言简洁、精练的语言形式。
3. 促进学生思考，进一步培养学生想象力和创造力。
4. 获得知识、提升对语言的把握与应用能力。
5. 理解寓言中蕴含的道理，准确表达人物情感。

第一课

一、表现力训练——变鬼脸表演

训练内容

欣赏喜剧《憨豆先生》片段，鼓励学生大胆运用自己的动作和声音，以及身体的各个部位，如头、腰、鼻、牙、舌等来表演鬼脸。

训练提示

师生互动玩游戏，老师引导学生接龙做出喜、怒、哀、乐等不同表情的鬼脸。

二、语音训练

训练内容

j——不送气、清塞擦音、舌面音，掌握声母 j 的正确发音。

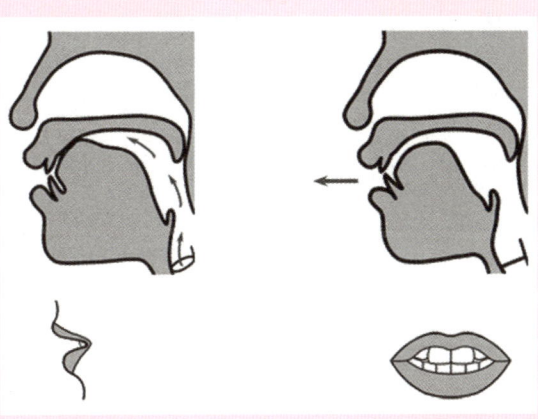

第二级　第一课

词汇练习

| jiāo jǐng | jiè jiàn | jī jīn | jiù jì | jù jiāo |
| 交 警 | 借 鉴 | 基 金 | 救 济 | 聚 焦 |

| jiàn jiāo | jiǎn jié | jī jí | jiǎo jiàn | jiān jù |
| 建 交 | 简 洁 | 积 极 | 矫 健 | 艰 巨 |

jiē dà huān xǐ　　jīng jīng yè yè　　jiāo tóu jiē ěr
皆 大 欢 喜　　兢 兢 业 业　　交 头 接 耳

jià qīng jiù shú　　jī hán jiāo pò
驾 轻 就 熟　　饥 寒 交 迫

绕口令

比 尖

jiān tǎ jiān　 jiān gǎn jiān
尖 塔 尖，尖 杆 尖。
gǎn jiān jiān sì tǎ jiān jiān
杆 尖 尖 似 塔 尖 尖，
tǎ jiān jiān sì gǎn jiān jiān
塔 尖 尖 似 杆 尖 尖。
yǒu rén shuō gǎn jiān bǐ tǎ jiān jiān
有 人 说 杆 尖 比 塔 尖 尖，
yǒu rén shuō tǎ jiān bǐ gǎn jiān jiān
有 人 说 塔 尖 比 杆 尖 尖。

bù zhī dào dǐ shì gǎn jiān bǐ tǎ jiān jiān
不知到底是杆尖比塔尖尖，
hái shi tǎ jiān bǐ gǎn jiān jiān
还是塔尖比杆尖尖。

朗读

弟子规

出则悌

兄道友　弟道恭　兄弟睦　孝在中

注释

①友：友爱（弟妹）。

②恭：恭敬（兄长）。

③睦：和睦相处。

④孝在中：孝道就在其中。

训练提示

1. j 是塞擦音，发音时注意先塞后擦。
2. 舌尖后移可能会导致发音不准确，要找准发音部位。

三、感受力训练

训练内容

乌鸦和选美

森林里每年都要举行选美大赛，凤凰总是以得票最多当选，而乌鸦的得票总是少得可怜。乌鸦很不服气，便起早贪黑地到处说凤凰的坏话，向林中的百鸟都说了个遍。

一年后，又举行选美大赛，乌鸦满以为形势要向有利于自己这方面变化，谁知投票结果是凤凰的得票更多了。而乌鸦呢？只得了一票——不用说，这一票是它自己投的。乌鸦真是百思不得其解。

凡蓄意诽谤别人的人，最终往往无损于别人，而有损于自己。

训练提示

1. 注意寓言中情绪的变化。
2. 故事篇幅较长，注意读音的准确和节奏的把握。
3. 注意"不"和"一"的变调。

一、表现力训练——变鬼脸表演

训练内容

变鬼脸表演

左手绕绕、右手绕绕，小眼睛咕噜噜转，垂眼睛、吊眼睛、瞪眼睛，做个鬼脸吓唬你。

训练提示

1. 注意倾听，边念儿歌边扮出不同的鬼脸。

2. 能发准翘舌音。

3. 感受游戏的趣味。

二、语音训练

训练内容

q——送气、清塞擦音、舌面音，掌握声母 q 的正确发音。

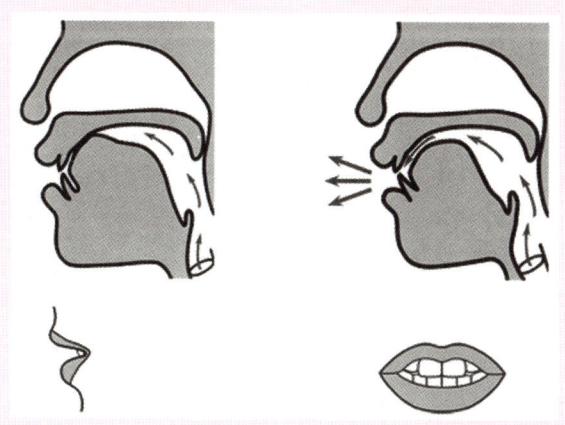

第二级　第二课

词汇练习

qì qiú	qīn qiè	qín qiāng	qiàn quē	qià qiǎo
气球	亲切	秦腔	欠缺	恰巧

qún qíng	quán qiú	qǔ qiǎo	qì quán	qiū qiān
群情	全球	取巧	弃权	秋千

qì xiàng wàn qiān	qiú quán zé bèi	qū jìng tōng yōu
气象万千	求全责备	曲径通幽

qiān zǎi nán féng	qià rú qí fèn
千载难逢	恰如其分

绕口令

<pre>
    qī jiā yī，qī jiǎn yī
    七 加 一，七 减 一

  qī jiā yī， qī jiǎn yī
  七 加 一，七 减 一，
  jiā wán jiǎn wán děng yú jǐ
  加 完 减 完 等 于 几？
  qī jiā yī， qī jiǎn yī
  七 加 一，七 减 一，
  jiā wán jiǎn wán hái shì qī
  加 完 减 完 还 是 七。
</pre>

朗读

<pre>
       dì zǐ guī
       弟 子 规
       chū zé tì
       出 则 悌

  cái wù qīng   yuàn hé shēng   yán yǔ rěn   fèn zì mǐn
  财 物 轻   怨 何 生   言 语 忍   忿 自 泯
</pre>

注释

①财物轻：重情义，不斤斤计较财物。

②怨何生：怨恨就无从生起。

③忍：容忍，包容。

④忿自泯：愤怒自然消失。

训练提示

1. q 是塞擦音，发音时注意先塞后擦。

2. q 与 j 的差别是：q 为送气音，j 为不送气音，注意区分，不要混淆。

3. 熟读并理解已学习过的《出则悌》的内容。

三、感受力训练

训练内容

kǒu kě de wū yā
口渴的乌鸦

wū yā kǒu kě de yào mìng，fēi dào yī zhī dà shuǐ guàn páng，shuǐ
乌鸦口渴得要命，飞到一只大水罐旁，水
guàn lǐ méi yǒu hěn duō shuǐ，tā xiǎng jìn le bàn fǎ，réng hē bù dào。
罐里没有很多水，他想尽了办法，仍喝不到。
yú shì，tā jiù shǐ chū quán shēn lì qi qù tuī，xiǎng bǎ guàn zi tuī
于是，他就使出全身力气去推，想把罐子推
dǎo，dào chū shuǐ lái，ér dà shuǐ guàn què tuī yě tuī bù dòng。zhè
倒，倒出水来，而大水罐却推也推不动。这

时，乌鸦想起了他曾经使用的办法，用口叼着石子投到水罐里，随着石子的增多，罐里的水也就逐渐地升高了。最后，乌鸦高兴地喝到了水，解了渴。

这个故事说明，智慧往往胜过力气。

训练提示

1. 关于动作的描述，如何用语言表现出来。
2. 注意"不"的变调。
3. 注意轻声。
4. 回顾"乌鸦喝水"的故事。

第三课

一、表现力训练——肢体表演

训练内容

小手和小脚（模仿操）

小手小手拍拍，我的小手伸出来。

小手小手拍拍，我的小手举起来。

小手小手拍拍，我的小手藏起来。

小手小手拍拍，我的小手摸摸脚。

小脚小脚踏踏，我的小脚踮起来。

小脚小脚踏踏，我的小脚踢起来。

小脚小脚踏踏，我的小脚跳起来。

小脚小脚踏踏，我的小脚踏起来。

游戏：以小组为单位，用肢体拼出，A、B、C、D、E五个字母。

训练提示

1. 注意肢体的协调。
2. 通过游戏的方式激发学生肢体的活力。

二、语音训练

训练内容

x——清擦音、舌面音,掌握声母x的正确发音。

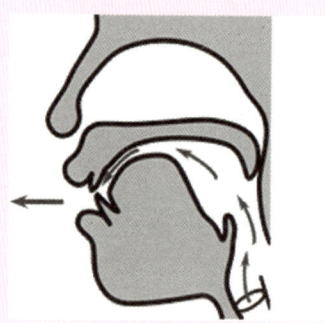

词汇练习

| xìn xīn | xiǎn xiàn | xiāng xìn | xū xīn | xián xiá |
| 信 心 | 显 现 | 相 信 | 虚 心 | 闲 暇 |

xiǎng xiàng　xué xí　　xǐ xùn　　xuān xiāo　xiōng xiǎn
想　象　　学　习　　喜　讯　　喧　嚣　　凶　险

xīn xīn xiàng róng　　xiāng xíng jiàn chù　　xún xù jiàn jìn
欣　欣　向　荣　　　相　形　见　绌　　　循　序　渐　进

xǐ chū wàng wài　　xīn huā nù fàng
喜　出　望　外　　心　花　怒　放

绕口令

qī jiàng hé xī jiàng
漆匠和锡匠

qī xiàng yī gè qī jiàng xī xiàng yī gè xī jiàng
七 巷 一 个 漆 匠， 西 巷 一 个 锡 匠，
qī xiàng qī jiàng yòng le xī xiàng xī jiàng de xī
七 巷 漆 匠 用 了 西 巷 锡 匠 的 锡，
xī xiàng xī jiàng ná le qī xiàng qī jiàng de qī
西 巷 锡 匠 拿 了 七 巷 漆 匠 的 漆，
qī xiàng qī jiàng qì xī xiàng xī jiàng yòng le qī
七 巷 漆 匠 气 西 巷 锡 匠 用 了 漆，
xī xiàng xī jiàng jī qī xiàng qī jiàng ná le xī
西 巷 锡 匠 讥 七 巷 漆 匠 拿 了 锡。

第二级 第三课

朗读

dì zǐ guī
弟 子 规

chū zé tì
出 则 悌

huò yǐn shí　　huò zuò zǒu　　zhǎng zhě xiān　　yòu zhě hòu
或 饮 食　　或 坐 走　　长 者 先　　幼 者 后

注释

①或：不论。

②长者先：都要年长者优先。

③幼者后：年幼者在后。

训练提示

1. x 是擦音，发音时舌面前部接近前硬腭。

2. 容易出现读成尖音的情况，注意不要让舌尖碰到牙齿或跑到两齿之间。

三、感受力训练

训练内容

wū guī yǔ yīng
乌 龟 与 鹰

wū guī kàn jiàn yīng zài kōng zhōng fēi xiáng,　　biàn qǐng qiú yīng jiāo
乌 龟 看 见 鹰 在 空 中 飞 翔，　　便 请 求 鹰 教他飞行。鹰劝告他,说他不能飞行。可乌龟再三恳求,鹰便抓住他,飞到高空,然后将他松开。乌龟落在岩石上,被摔得粉身碎骨。

这个故事说明,那些好高骛远、不切实际的人必将失败。

训练提示

1. 注意寓言中表达情绪的动词。
2. 大胆想象乌龟想学飞行的原因。

第四课

一、表现力训练——夸张表演

训练内容

1. 鬼脸传递游戏（每个学生做不同的鬼脸进行接力）。

2. 爆发力练习（自设情景，通过无实物表演，每人表达一种情绪的高潮状态）。

3. 注意力训练（游戏"击鼓传花"）。

训练提示

1. 寓教于乐，让学生在游戏中学习，激发学生的表演欲望。

2. 注意力训练有利于提升学生的专注力，使学生在舞台上排除杂念，更好地进入状态。

二、语音训练

训练内容

z——不送气、清塞擦音、舌尖前音，掌握声母 z 的正确发音。

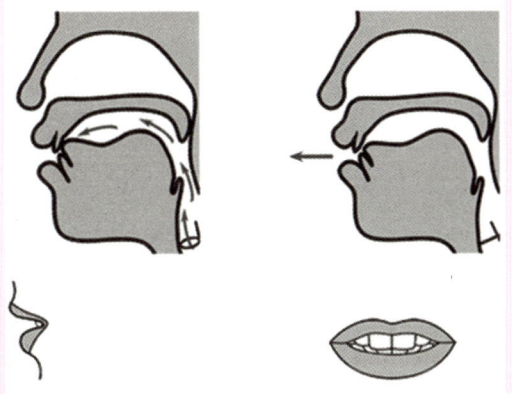

词汇练习

| zì zūn | zài zuò | zǔ zōng | zuò zuo | zòng zi |
| 自尊 | 在座 | 祖宗 | 做作 | 粽子 |

| zǒu zú | zào zuò | zàng zú | zuì zǎo | zuò zhě |
| 走卒 | 造作 | 藏族 | 醉枣 | 作者 |

zài jiē zài lì　　zé wú páng dài　　zàn bù jué kǒu
再 接 再 厉　　责 无 旁 贷　　赞 不 绝 口

zī zī bù juàn　　zì dé qí lè
孜 孜 不 倦　　自 得 其 乐

绕口令

hú zì zhǐ
糊 字 纸

gāng wǎng chuāng shang hú zì zhǐ
刚 往 窗 上 糊 字 纸，

nǐ jiù gé zhe chuāng hù sī zì zhǐ
你 就 隔 着 窗 户 撕 字 纸。

yī cì sī xià héng zì zhǐ
一 次 撕 下 横 字 纸，

yī cì sī xià shù zì zhǐ
一 次 撕 下 竖 字 纸，

第二级　第四课

héng shù liǎng cì sī le sì shí sì zhāng shī zì zhǐ
横竖两次撕了四十四张湿字纸。
shì zì zhǐ nǐ jiù sī zì zhǐ
是字纸你就撕字纸，
bù shì zì zhǐ nǐ jiù bù yào hú luàn de sī yī dì zhǐ
不是字纸你就不要胡乱地撕一地纸。

朗读

dì zǐ guī
弟子规

chū zé tì
出 则 悌

zhǎng hū rén　　jí dài jiào　　rén bù zài　　jǐ jí dào
长呼人　　即代叫　　人不在　　己即到

注释

①长呼人：长辈呼唤别人。

②即代叫：应该立即代为传唤和转告。

③己即到：自己应该主动去询问。

训练提示

1. 注意发音部位偏前。

2. z 为不送气声母，注意与送气声母 c 区分，不要混淆。

3. 发音部位要准确，不要整个舌头前部贴在上齿背或牙龈上，否则会导致舌中部无力。

三、感受力训练

训练内容

骡子（luó zi）

有匹吃大麦长大的骡子很强壮。每当他跳跃时，总是自言自语："我父亲一定是一匹能奔善跑的马，我非常像他"。有一天，因为需要，骡子不得不被拉去不停地跑路。回来后，他才愁眉苦脸地想起自己的父亲是驴子。

这个故事说明，人们如遇好运出了名，也千万不要忘记自己的本性，因为生活如同潮起潮落，前途难以预测。

训练提示

1. 注意"一"和"不"的读音。

2. 注意轻声。

3. 阐明骡子、马和驴的关系。

第五课

一、表现力训练——夸张表演

训练内容

1. 感受训练。例如：表演痛、痒、疼、酸、麻的感受。
2. 无实物表演。例如：闻花香、拿一壶热开水、熨衣服。

训练提示

1. 注意细节的把握，不是单纯地表演，而是通过观察细节，合理编排后再进行表演。

2. 感受力训练需要学生在生活中搜集各种小素材，而想象力训练则需要学生大胆地展开想象，从而激发学生的创造力。二者合一，可以使得表演更真实也更具吸引力。

二、语音训练

训练内容

c——送气、清塞擦音、舌尖前音，掌握声母c的正确发音。

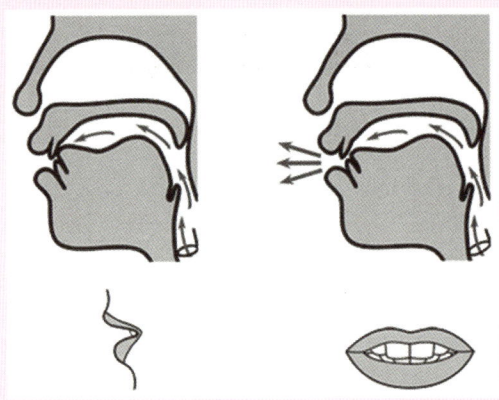

词汇练习

| cāi cè | cǎo cóng | céng cì | cēn cī | cuǐ càn |
| 猜 测 | 草 丛 | 层 次 | 参 差 | 璀 璨 |

| cū cāo | cuò cí | cóng cǐ | cuī cù | cōng cōng |
| 粗 糙 | 措 辞 | 从 此 | 催 促 | 匆 匆 |

cǎo mù jiē bīng　　cùn bù nán xíng　　cái shū xué qiǎn
草 木 皆 兵　　　　寸 步 难 行　　　　才 疏 学 浅

cuò luò yǒu zhì　　cāng hǎi sāng tián
错 落 有 致　　　　沧 海 桑 田

绕口令

bǐ tuǐ cū
比 腿 粗

shān qián yǒu gè cuī cū tuǐ
山 前 有 个 崔 粗 腿，
shān hòu yǒu gè cuī tuǐ cū
山 后 有 个 崔 腿 粗，
èr rén shān qián lái bǐ tuǐ
二 人 山 前 来 比 腿。

bù zhī shì cuī tuǐ cū bǐ cuī cū tuǐ de tuǐ cū
不知是崔腿粗比崔粗腿的腿粗，
hái shi cuī cū tuǐ bǐ cuī tuǐ cū de tuǐ cū
还是崔粗腿比崔腿粗的腿粗。

朗读

dì zǐ guī
弟子规

chū zé tì
出则悌

chēng zūn zhǎng　wù hū míng　duì zūn zhǎng　wù jiàn néng
称尊长　勿呼名　对尊长　勿见能

注释

①称尊长：称呼尊敬的人和长辈。

②勿呼名：不应该直呼其名。

③对：面对。

④勿见能：不应该炫耀自己的才能。

训练提示

1. 发音时，舌尖略微放松。

2. 舌尖成阻面要小，力量要集中，尽可能减少噪音。

3. 理解已学《出则悌》的内容，并且举例说明自己是如何尊敬长辈的。

三、感受力训练

训练内容

狮子与报恩的老鼠

shī zi yǔ bào ēn de lǎo shǔ

狮子睡着了，有只老鼠跳到了他身上。狮子猛然站起来，把他抓住，准备吃掉。老鼠急忙说："大王饶命，大王饶命，如果我今天能保住性命，来日必将报恩。"狮子轻蔑地笑了笑，便把他放走了。不久，狮子真的被老鼠救了性命。原来狮子被一个猎人抓获，并用绳索捆在一棵树上。老鼠听到了他的哀嚎，走过去咬断绳索，放走了狮子，并说："你当时嘲笑我，不相信能得到我的报答，现在可清楚了，老鼠也能报恩。"

这个故事说明，时运交替变更，强者也会有需要弱者的时候。

训练提示

1. 寓言中包含对话，注意与旁白进行区分。
2. 准确把握对话中的情绪。
3. 注意"一"的变调。

一、表现力训练——夸张表演

请学生说出自己最喜欢的两种动物，并把最喜欢的动物在不同的情境中不同的表情夸张地表演出来。

1. 动物形体模仿：天鹅、小狗、老鼠、猴子、老虎、猫，等等。

2. 动物姿态模仿：受伤的天鹅、兴奋的小狗、跳舞的老鼠、洗澡的猴子、咆哮的老虎、生气的猫，等等。

1. 抓住动物的肢体、表情特征，有利于表演。
2. 每一项表演主题，可呈现出多种不同的形式和内容。
3. 充分激发学生的想象力。

二、语音训练

训练内容

s——清擦音、舌尖前音,掌握声母 s 的正确发音。

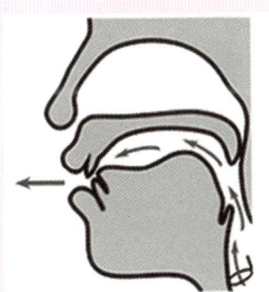

词汇练习

sǎ sǎo	sī suǒ	sè sù	suǒ suì	sōng sǎn
洒 扫	思 索	色 素	琐 碎	松 散
sù sòng	sōu suǒ	sù suàn	sì sàn	suān sè
诉 讼	搜 索	速 算	四 散	酸 涩

sī kōng jiàn guàn　　sù mèi píng shēng　　suí jī yìng biàn
司　空　见　惯　　　素　昧　平　生　　　随　机　应　变

sì miàn chǔ gē　　sī sī rù kòu
四　面　楚　歌　　丝　丝　入　扣

绕口令

sāng shù yǔ zǎo shù
桑 树 与 枣 树

cāo chǎng qián miàn yǒu sān shí sān kē sāng shù
操 场 前 面 有 三 十 三 棵 桑 树,
cāo chǎng hòu miàn yǒu sì shí sì kē zǎo shù
操 场 后 面 有 四 十 四 棵 枣 树。

zhāng sān bǎ sān shí sān kē sāng shù rèn zuò zǎo shù
张 三 把 三 十 三 棵 桑 树 认 作 枣 树，
zhào sì bǎ sì shí sì kē zǎo shù rèn zuò sāng shù
赵 四 把 四 十 四 棵 枣 树 认 作 桑 树。

朗读

dì zǐ guī
弟 子 规

chū zé tì
出 则 悌

lù yù zhǎng　　jí qū yī　　zhǎng wú yán　　tuì gōng lì
路 遇 长　　疾 趋 揖　　长 无 言　　退 恭 立

注释

①路遇长：路上遇见长辈。

②疾趋揖：立刻恭敬问好、行礼。

③长无言：长辈没有说话。

④退恭立：退后恭敬地站在一旁。

训练提示

1. s是擦音，发音时舌尖前部靠近上齿背，气流从窄缝中挤出，摩擦成声。

2. 避免舌尖伸到上下齿中间形成齿间音。

3. 本课朗读内容较难理解，结合注释把握文意。

三、感受力训练

训练内容

猴子的代价

在某座山上有一个猴子正在四处游逛寻找食物，忽然它看到一个山洞里面有一棵树，树上长满了果子，猴子心里高兴极了："丰富的晚餐。"于是它从树上跳到了洞外，然而洞口小得可怜，它无论怎样想法子都进不去。它灰心地走了。三天后它又回来了，这回它轻而易举地就进去了，因为它为了那诱人的果子足足三天没吃东西，它瘦了。

它在洞内享受着丰富的晚餐。果子吃完了，它饱了，然而却怎么样也出不去，无奈它只好又在洞内饿了三天。

从起点出发，受尽苦难周折，又回到了起点。它途中为了果子而付出的代价是否也太大了呢？

训练提示

1. 注意文中的轻声。
2. 理解寓言蕴含的意义。

第七课

一、表现力训练——夸张表演

训练内容

1. 说说自己知道的职业有哪些,并表演出来,如:交警、医生、收银员、兽医。

2. 说说生活中见到的不同的人的行为特征,进行夸张表演,如:小偷、酒鬼、老人、孕妇。

训练提示

1. 设置不同的情景,通过抽签玩游戏的方式进行夸张表演。

2. 抽到签的一位同学上台表演,另一位同学猜测台上表演的人物是谁,表情传递的是什么意思。猜测不成功,不予过关。

二、语音训练

训练内容

zh——不送气、清塞擦音、舌尖后音,掌握声母zh的正确发音。

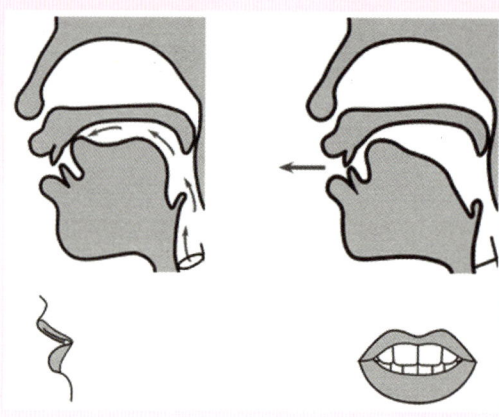

词汇练习

zhuó zhuàng	zhǎn zhuǎn	zhuī zhú	zhuān zhù	zhēn zhuó
茁壮	辗转	追逐	专注	斟酌

zhǐ zhēn	zhàn zhēng	zhōng zhǐ	zhuāng zhì	zhuāng zhòng
指针	战争	终止	装置	庄重

zhòng suǒ zhōu zhī　　zhěng zhuāng dài fā　　zhuān xīn zhì zhì
众所周知　　　　整装待发　　　　专心致志

zhèng zhòng qí shì　　zhū yuán yù rùn
郑重其事　　　　珠圆玉润

绕口令

zhī dào bù zhī dào
知道不知道

rèn shi cóng shí jiàn shǐ
认识从实践始，
shí jiàn chū zhēn zhī
实践出真知。
zhī dào jiù shì zhī dào
知道就是知道，
bù zhī dào jiù shì bù zhī dào
不知道就是不知道。
bù yào zhī dào shuō bù zhī dào
不要知道说不知道，

也不要不知道说知道。
老老实实，实事求是，
一定要做到不折不扣的真知道。

朗读

弟子规

出则悌

骑下马　乘下车　过犹待　百步余

注释

①骑下马：（如果遇见长辈时）自己是骑马，要下马问候。

②乘下车：如果乘车，要下车问候。

③过犹待：并等到长者离去稍远。

④百步余：大约百步后（才可以离开）。

训练提示

1. 将绕口令快速读5遍。

2. zh 发音时容易与 z 混淆，注意区分。

3. 发音时注意下巴放松、牙关打开。

三、感受力训练

训练内容

小蜘蛛和花蜘蛛

老蜘蛛总是谆谆告诫小蜘蛛：这种衣服虽然不好看，但是便于隐藏，不易被猎物发现。你们要想吃饱肚子，就不要惦记着把自己打扮得漂亮。想漂亮，得有蝴蝶那样的翅膀。

蜘蛛们都很听长辈的话,世世代代穿着灰不溜秋的衣服,一动不动地守在自己织就的网上,等待着粗心大意的猎物落网。

然而,美丽实在太有诱惑力了。

一天,几只小蜘蛛毅然脱下身上的灰衣服,换上了五彩斑斓的礼服,个个打扮得花枝招展,好不快活。

富有经验的老蜘蛛赶紧警告其他蜘蛛:"孩子们,你们千万别学他们的样儿!他们这样张扬,肯定要吃亏的!你们就等着瞧吧!"

但是，老蜘蛛的话没有应验。穿花衣服的蜘蛛们不仅没有挨饿，而且捉到的虫子比其他蜘蛛还要多。因为，森林里有许多爱漂亮的虫子，把他们的花衣服当成了盛开的鲜花哩！

训练提示

1. 在朗诵文中对话时，要注意把握人物的情绪和情感。
2. 注意儿化音和轻声的读法。

第八课

一、表现力训练——夸张表演

训练内容

无实物表演：

场景一：一位饥寒交迫的工人狼吞虎咽地吃着热腾腾的面条。

场景二：在拥挤的公交车上，艰难地挤出人群下车。

场景三：教室里进了一只老鼠，有人吓得惊声尖叫，有人追着老鼠跑，大家乱成一锅粥。

训练提示

1. 无实物表演一定不能走过场，要认真。
2. 由简入繁，逐步增加情境、变换节奏，展现人物的特色。

二、语音训练

训练内容

ch——送气、清塞擦音、舌尖后音，掌握声母ch的正确发音。

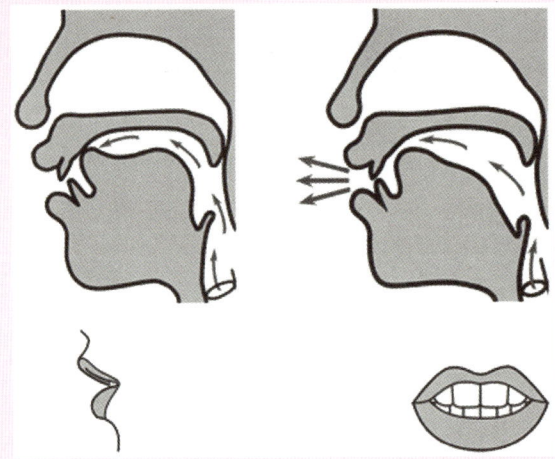

词汇练习

cháng chéng	chū chǎn	chuán chéng	chū chāi	chéng chē
长城	出产	传承	出差	乘车

chuān chā　　chí chěng　　chē chuáng　　chú chén　　chāi chuān
穿插　　驰骋　　车床　　除尘　　拆穿

chù lèi páng tōng　　chàng suǒ yù yán　　chì zhà fēng yún
触类旁通　　畅所欲言　　叱咤风云

chéng shàng qǐ xià　　chén mò guǎ yán
承上启下　　沉默寡言

绕口令

zhū shū chú zhú sǔn
朱叔锄竹笋

zhū jiā yī zhū zhú，　zhú sǔn chū zhǎng chū。
朱家一株竹，竹笋初长出。
zhū shū chù chù chú，　chú chū sǔn lái zhǔ。
朱叔处处锄，锄出笋来煮。

chú wán bù zài chū zhū shū méi sǔn zhǔ
锄 完 不 再 出，朱 叔 没 笋 煮，
zhú zhū yòu gān kū
竹 株 又 干 枯。

朗读

dì zǐ guī
弟 子 规

chū zé tì
出 则 悌

zhǎng zhě lì 长 者 立　yòu wù zuò 幼 勿 坐　zhǎng zhě zuò 长 者 坐　mìng nǎi zuò 命 乃 坐

注释

①立：站立时。

②幼勿坐：晚辈不应该坐着。

③坐：坐定后。

④命乃坐：晚辈应该等长辈示意自己坐下时再坐下。

训练提示

1. zh 发音比较靠后，容易发成卷舌音，要着重练习。

2. 发音时容易与"c"混淆，注意区分。

3. 用舌尖而不是双唇的力量。

三、感受力训练

训练内容

hóu zi　lǘ zi　hé　yàn shǔ　de　láo sāo
猴子、驴子和鼹鼠的牢骚

　　hóu zi　lǘ zi　hé yàn shǔ shì sān gè ài fā láo sāo
　　猴子、驴子和鼹鼠是三个爱发牢骚
de jiā huo　tā men xiàn mù bié rén yǒu de　bù zhēn xī zì
的家伙，他们羡慕别人有的，不珍惜自
jǐ yōng yǒu de　zhěng tiān zài yī qǐ jiù shì fā láo sāo　mán yuàn
己拥有的，整天在一起就是发牢骚，埋怨
shì jiè de bù gōng　sēn lín lǐ dōu méi yǒu rén yuàn yì hé sān
世界的不公。森林里都没有人愿意和三
gè ài fā láo sāo de jiā huo zuò péng you
个爱发牢骚的家伙做朋友。

"真是太倒霉了！"猴子大声喊叫，大发牢骚，"我没有长一条尾巴！"

驴子也叫嚷起来："真遭殃！我没有犄角！"

鼹鼠也牢骚满腹："发牢骚，我最有资格，我没有眼睛！"

小朋友们,你不要否认,你已经十分走运了。事实上,别人的痛苦比你的更大。如果你认真观察,你将会发现,世界上任何人都不可能十全十美、万事如意。珍惜拥有的,活在当下。不要抱着消极的心态埋怨本不属于自己的东西。

训练提示

1. 注意文中情绪的变化,尽可能贴近人物性格。

2. 注意"一"和"不"的变调。

3. 思考:我们应该抱着什么样的心态生活。

第九课

一、表现力训练——夸张表演

训练内容

单人小品训练：

情景一：想上厕所却找不到厕所。

情景二：跟小伙伴一起玩游戏，口干舌燥。

情景三：追一条小狗，后来自己迷路了。

情景四：摄影师为你拍照，需要你摆不同的造型。

训练提示

1. 先通过规定情境的练习，提升学生的表现力，之后再让学生加入一些即兴的表演。

2. 单人小品不要求太过复杂的心理活动，更多地是从表演中体现生活的小片段，从而表达情绪和情感。

二、语音训练

训练内容

sh——清擦音、舌尖后音，掌握声母 sh 的正确发音。

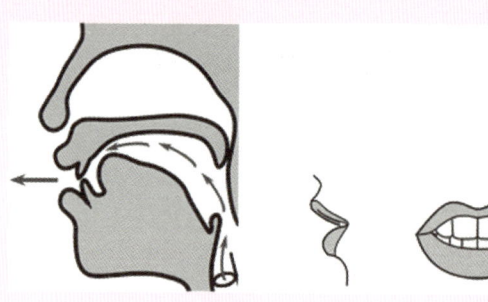

词汇练习

shāng shà	shǎo shù	shǎn shuò	shěn shì	shù shāo
商厦	少数	闪烁	审视	树梢

shuò shì	shí shàng	shàng shēng	shí shī	shī shēng
硕士	时尚	上升	实施	师生

shān méng hǎi shì	shí shì qiú shì	shěn shí duó shì
山盟海誓	实事求是	审时度势

shén cǎi yì yì	shēn jià bǎi bèi
神采奕奕	身价百倍

绕口令

shǐ lǎo shī jiǎng shí shì
史老师讲时事

shǐ lǎo shī， jiǎng shí shì，
史老师，讲时事，
cháng xué shí shì zhǎng zhī shi
常学时事长知识。
shí shì xué xí kàn bào zhǐ，
时事学习看报纸，
bào zhǐ dēng de shì shí shì，
报纸登的是时事，
xīn lǐ zhuāng zhe tiān xià shì
心里装着天下事。

朗读

dì zǐ guī
弟 子 规

chū zé tì
出 则 悌

zūn zhǎng qián　　shēng yào dī　　dī bù wén　　què fēi yí
尊 长 前　　　　声 要 低　　　低 不 闻　　却 非 宜

注释

①前：面前。

②低：低声细气。

③低不闻：声音音量太小，让人听不清。

④却非宜：也是不恰当的。

训练提示

1. 不要噘嘴发音，避免港台腔。

2. sh 发音时容易与"s"混淆，注意区分。

3. 用舌尖的力量，而不是舌面，避免出现"大舌头"。

三、感受力训练

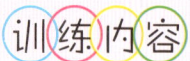

贪心的小磁石

有一块小磁石,非常贪心。它走到哪里,就把哪个地方的碎铁屑、小钉子、曲别针统统揽入怀中,把自己弄得像个刺猬。磁石以此为荣。

有一次,小男孩带着磁石出去玩儿,不小心把它掉进了小河里。

小男孩挽起裤腿，俯下身子，把磁石从水里打捞上来的时候，它虽然差点被淹死，却依然不忘把河底生锈的小铁片什么的一股脑儿吸附在身上……

小男孩笑着，把磁石满身的"毛刺"拂去，光溜溜的磁石觉得心里很不是滋味。

有一天，小男孩放学回来，找磁石玩儿，却怎么也找不到它。

小男孩哪里知道：那天，小磁石独自跑到街上，看到一尊又高又大的铁雕像，欣喜若狂，就想把它揽入怀中，可是它一凑上去，再也挣脱不开了。

直到现在，小磁石还紧紧地贴在雕像的脚趾上，像极了巨人的一个趾甲。

这个寓言故事告诉我们，不管做任何事情都要懂得满足，贪心只会换来不好的结果。

训练提示

1. 注意儿化音的读法。

2. 注意"一"的变调和轻声的读法。

3. 思考：什么是贪心，贪心会导致什么，请举例。

一、表现力训练——夸张表演

训练内容

多人表演训练

以小组的形式进行比赛,比赛内容为:在本级提供的朗诵素材中任选一篇,进行多人朗诵表演。通过评比,选出前三名,给予奖励。

训练提示

1. 朗诵材料时,注意所扮演角色的语气、语调和动作、表情。

2. 协调各个小组之间的角色分配。

3. 鼓励学生加入即兴表演,训练学生的适应能力。

二、语音训练

训练内容

r——浊擦音、舌尖后音,掌握声母 r 的正确发音。

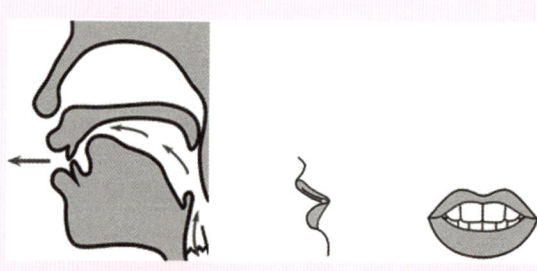

词汇练习

rěn ràng	róu rèn	róng rù	rǎn rǎn	róu rùn
忍让	柔韧	融入	冉冉	柔润

rén rén	rǎng rǎng	rěn rǎn	róu ruò	rě rén
仁人	攘攘	荏苒	柔弱	惹人

rèn láo rèn yuàn　　rěn rǔ fù zhòng　　rè xuè fèi téng
任劳任怨　　　　忍辱负重　　　　热血沸腾

ruò wú qí shì　　róng huì guàn tōng
若无其事　　　融会贯通

绕口令

说日（shuō rì）

夏日无日日亦热，冬日有日日亦寒，
春日日出天渐暖，晒衣晒被晒褥单，
秋日天高复云淡，遥看红日迫西山。

朗读

dì zǐ guī
弟 子 规

chū zé tì
出 则 悌

jìn bì qū　　tuì bì chí　　wèn qǐ duì　　shì wù yí
进 必 趋　　退 必 迟　　问 起 对　　视 勿 移

注释

①进必趋：有事要到尊长面前，应快步向前。

②退必迟：退回去时，必须稍慢一些。

③问起对：长辈问话时，应该站起来回答，注意聆听。

④视勿移：视线不要转移。

训练提示

1. r 发音时容易与"l"混淆，注意区分。

2. r 的发音状况与"sh"接近，但是要避免摩擦过度。

3. 先发 sè、sh，连续发几遍，再发拖长的 l 音，然后把舌尖稍稍向后撤，撤到大致相当于 sh 的部位，再发出来的就是标准的 r 音了。

三、感受力训练

兔子与狼

兔子三瓣长大了，离家之前，兔妈妈反复叮嘱："无论如何，都不要吃窝边的草。"三瓣在山坡上建造了自己的家。为安全起见，它的家有三个洞口。三瓣牢记母亲的叮咛，总是到离洞口很远的地方去吃草。秋天过去了，一切安然无恙。

这一天刮着很冷的西北风，三瓣走出洞口时不禁打了个冷颤，它实在不想顶着大风到很远的地方觅食。"我只吃一点，明天天气好了，我就出去觅食。"三瓣安慰着自己，把肚子吃得滚圆。

过了几天，下起了大雪，三瓣又在家门口填饱了肚子，不过这一回，它换了一个洞口。"我有三个洞口，每个洞口都有很多草。我不过是在天气不好的时候，在每个洞口吃一点点草而已。"于是，

第二级　第十课

在每一个恶劣的天气,三瓣都找到了一个解决吃饭问题的捷径。

一天,睡梦中的三瓣突然觉得有异样。它睁开眼睛,发现一只狼堵在它的家门口,正试图把洞口挖开。三瓣连忙跑向别的洞口,却惊讶地发现,另两个洞口已经被岩石牢牢堵住了!"从你第一次吃窝边草,我就知道这里有只兔子,可我知道狡兔三窟,摸不清另两个洞口的位置,不好下手。"看着到口的美食,狼得意地说。直到这时候,三瓣才领悟到母亲的教诲是多么正确!

训练提示

1. 注意文中表达情绪的词语。

2. 区分旁白与对话的不同,使文章朗诵得更有层次感。

3. 注意文中"一"的变调。

第十一课

一、表现力训练——站姿训练

训练内容

站姿训练：两脚开立，与肩同宽，两臂自然下垂，贴近裤缝，挺胸收腹，下巴微收，双眼平视前方，面带微笑。

训练提示

1. 头要放平，两眼平视，放轻松。

2. 重心要在中间，不要压在一条腿上，这样会导致无法保持平衡。

3. 抬头、挺胸、收腹。

二、语音训练

训练内容

a——单韵母、央、低、不圆唇音、舌面元音，掌握韵母 a 的正确发音。

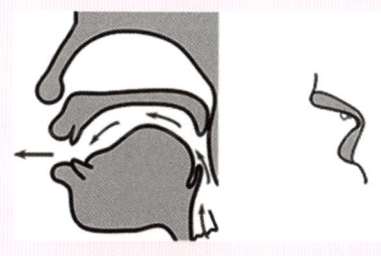

词汇练习

fā dá	fǎ mǎ	lā sà	dǎ bǎ	mǎ dá
发达	砝码	拉萨	打靶	马达

dà shà	lǎ ba	chà nà	bà ba	hǎ dá
大厦	喇叭	刹那	爸爸	哈达

bá miáo zhù zhǎng	chā qiáng rén yì	dǎ cǎo jīng shé
拔苗助长	差强人意	打草惊蛇

shà fèi kǔ xīn	fā hào shī lìng
煞费苦心	发号施令

绕口令

mǎ dà hā
马 大 哈

mǎ dà mā de ér zi jiào mǎ dà hā,
马 大 妈 的 儿 子 叫 马 大 哈,
mǎ dà hā de mā ma shì mǎ dà mā。
马 大 哈 的 妈 妈 是 马 大 妈。
mǎ dà mā ràng mǎ dà hā mǎi má huā,
马 大 妈 让 马 大 哈 买 麻 花,
mǎ dà hā gěi mǎ dà mā mǎi xī guā。
马 大 哈 给 马 大 妈 买 西 瓜。
mǎ dà mā ràng mǎ dà hā gē zhī ma,
马 大 妈 让 马 大 哈 割 芝 麻,
mǎ dà hā gěi mǎ dà mā zhāi mián huā。
马 大 哈 给 马 大 妈 摘 棉 花。
mǎ dà mā gào sù mǎ dà hā,
马 大 妈 告 诉 马 大 哈,
yǐ hòu bù néng zài mǎ dà hā,
以 后 不 能 再 马 大 哈,
mǎ dà hā bù gǎi mǎ dà hā,
马 大 哈 不 改 马 大 哈,
mǎ dà mā jiù bù yào mǎ dà hā。
马 大 妈 就 不 要 马 大 哈。

朗读

dì zǐ guī
弟 子 规

chū zé tì
出 则 悌

shì zhū fù　　rú shì fù　　shì zhū xiōng　　rú shì xiōng
事 诸 父　　如 事 父　　事 诸 兄　　　如 事 兄

注释

①事诸父：对待父辈。

②如事父：应该如同对待自己的亲生父亲一般孝顺恭敬。

③事诸兄：对待兄弟姐妹辈的。

④如事兄：应该如同对待自己的同胞兄弟一样友爱尊敬。

训练提示

1. 发音时，口腔开度大，保持气流通畅，下巴放松，避免舌位偏前或靠后。

2. 避免发音时气流通过鼻腔造成 a 音鼻化。

3. 舌位的不同会导致 a 音的变化，可分为"前 a"和"后 a"。

三、感受力训练

驴子沃里

一个人开车迷了路,他边开车边查看地图,结果车陷在乡间小路边的壕沟里了。虽然他没有受伤,但车却深深地陷在淤泥里了。看到不远处有一个小农舍,这个人便去求援。

走进农舍小院,他发现根本没有汽车或其他现代化机械。马圈里唯一的牲口是头衰老的骡子。开车人本来以为农舍的主人会说这骡子

太瘦弱,不能帮忙,可农夫爽快地指着那头老骡子说:"没问题,沃里可以把你的车拉出来!"

开车人看了看憔悴的骡子,担心地问:"你确定它能行?这附近可有其他农场?""住在这附近的只有我一个人。别担心,老沃里能胜任。"农夫自信地说。

农夫把绳子一端固定在汽车上,另一端固定在骡子身上。农夫一边在空中把鞭子抽得"啪啪"响,一边大声吆喝,"拉啊,夫兰德!拉啊,杰克!拉啊,泰迪!拉啊,沃里!"

没多一会儿,小轿车就被老沃里毫不费力地拉了出来。

开车人又惊又喜。再三谢过农夫后,他忍不住问:"你赶沃里的时候,为什么要装作还赶着其他骡子的样子?你喊沃里之前,为什么还喊了那么多别的名字呢?"

农夫拍了拍老骡子，笑着说："我喊的都是我原来那些骡子的名字，它们以前都和老沃里一起拉过车。老沃里是头瞎骡子，只要它以为自己在队伍之中，有朋友帮忙，干活就特别有劲，连年轻力壮的骡子都比不过它。"

训练提示

1. 可以分角色扮演，通过表演的形式将朗诵篇目展现出来。

2. 注意一些轻声的读音。

3. 注意文中"一"的变调。

第十二课

一、表现力训练——坐姿训练

训练内容

坐姿训练：双腿曲膝成90度，上半身挺立，双手自然放在腿上，下巴微收，双眼平视前方，面带微笑。

训练提示

1. 不同场合、不同情绪下，坐姿都会有变化。
2. 根据自己的服饰调整坐姿。

二、语音训练

训练内容

o——单韵母、后、半高、圆唇元音、舌面元音，掌握韵母 o 的正确发音。

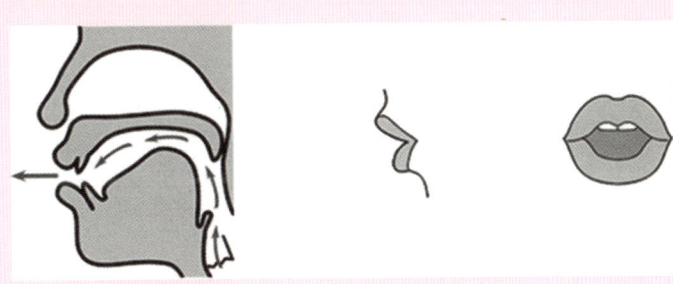

第二级 第十二课

词汇练习

bō duó	mō suǒ	bò he	pō mò	mó tuō
剥夺	摸索	薄荷	泼墨	摩托

bó bó	mò luò	bō luó	mó pò	pò huò
勃勃	没落	菠萝	磨破	破获

bō lán zhuàng kuò	bó dà jīng shēn	pò fǔ chén zhōu
波澜壮阔	博大精深	破釜沉舟

pò zài méi jié	bō luàn fǎn zhèng
迫在眉睫	拨乱反正

绕口令

bò gǔ zi
簸谷子

pó po bò gǔ zi，bò qù gǔ bǐ zi，
婆婆簸谷子，簸去谷秕子，

bó bo bò gǔ zi，bò qù bǐ gǔ zi，
伯伯簸谷子，簸去秕谷子，

pó po hé bó bo，bò gǔ zuò zhǒng zi。
婆婆和伯伯，簸谷做种子。

朗读

dì zǐ guī
弟子规

chū zé tì
出则悌

xiōng dào yǒu	dì dào gōng	xiōng dì mù	xiào zài zhōng
兄道友	弟道恭	兄弟睦	孝在中
cái wù qīng	yuàn hé shēng	yán yǔ rěn	fèn zì mǐn
财物轻	怨何生	言语忍	忿自泯

或饮食　或坐走　长者先　幼者后
长呼人　即代叫　人不在　己即到
称尊长　勿呼名　对尊长　勿见能
路遇长　疾趋揖　长无言　退恭立
骑下马　乘下车　过犹待　百步余
长者立　幼勿坐　长者坐　命乃坐
尊长前　声要低　低不闻　却非宜
进必趋　退必迟　问起对　视勿移
事诸父　如事父　事诸兄　如事兄

训练提示

1. 发音时，避免口腔开度过大，注意唇形。

2. 双唇不要向前噘。

3. 注意区分"o"和"e"、"o"和"ou"的读音。

4. 熟读《弟子规》中的《出则悌》。

三、感受力训练

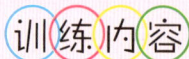

掉在井里的狐狸和公山羊

一只狐狸失足掉到了井里,不论它如何挣扎仍没法爬上去,只好待在那里。公山羊觉得口渴极了,来到这井边,看见狐狸在井下,便问它井水好不好喝。狐狸觉得机会来了,心中暗喜,马上镇静下来,极力赞美井水好喝,说:"这水是天下第一泉,清甜爽口,你赶快下来吧,与我一起痛饮。"一心只想喝水、信以为真的山羊,便不假思索地跳了下去,当它咕咚咕咚痛饮完后,就不得不与狐狸一起商量上去的办法。狐狸早有准备,它狡猾地说:"我倒有一个方法,你用前脚扒在井壁上,再把角竖直了,我踩着你的后背跳上井去,再拉你上去,我们就都得救了。"

公山羊同意了狐狸的提议,狐狸踩着它的后脚,跳到它背上,然后再从角上用力一跳,跳出了井口。狐狸上去以后,准备独自逃离。公山羊指责狐狸不信守诺言,狐狸回过头对公山羊说："喂，朋友，你的头脑如果像你的胡须那样完美，你就不至于在没看清出口之前就盲目地跳下去。"

这个故事说明，聪明的人应当事先考虑清楚事情的结果，然后再去做。

训练提示

1. 表现出狐狸的狡猾。

2. 注意文中对话的情感变化。

3. 可以让学生分角色饰演。

4. 注意文中"一"的变调和轻声的读法。

第三级训练目的

● 记忆力训练——颠三倒四来说话的训练目的

1. 开启智慧，巩固知识，记忆乃智慧之母。
2. 寓教于乐，提升学生们参与的积极性。
3. 提升学生的反应力，开发潜能，激发创造性思维。
4. 拓展学生的词汇量，让学生打下扎实的语言基础。
5. 学习简单的语法结构，培养学生遣词造句的能力。

● 语音训练目的

1. 通过朗读的方式，掌握元音韵母和复合韵母的准确发音及用法。
2. 初步了解舌位的动程。
3. 拓展学生词汇量和知识面。

● 感受力训练目的

1. 掌握寓言的语言特征和表现手法，有利于更准确地表达情感，提升舞台表现力和内涵。
2. 训练内容包含大量历史典故，具有一定教学意义，能进一步提升学生的文学素养。
3. 在理解和表达中，增强学生的感受力，激发他们的求知欲，奠定深厚的文学功底。
4. 帮助学生建立理性思维，拓宽思维空间的广度与宽度，激发想象力和创造力。
5. 积累丰富的语言材料，提高语言表达和运用能力。

第一课

一、记忆力训练——颠三倒四来说话

训练内容

两字词：

水果——果水	蔬菜——菜蔬
牛奶——奶牛	牛肉——肉牛
灵活——活灵	飞翔——翔飞
蝴蝶——蝶蝴	糖果——果糖
羽毛——毛羽	耳朵——朵耳
头发——发头	书本——本书
桌椅——椅桌	沙发——发沙
台灯——灯台	宠物——物宠
和谐——谐和	家电——电家
饮料——料饮	花园——园花

训练提示

1. 以游戏的形式进行两字词的颠倒，可分组进行。

2. 游戏过程中不断加快回答颠倒词的速度，达到训练短暂记忆力的目的。

二、语音训练

训练内容

e——单韵母、后、半高、不圆唇元音、舌面元音,掌握韵母 e 的正确发音。

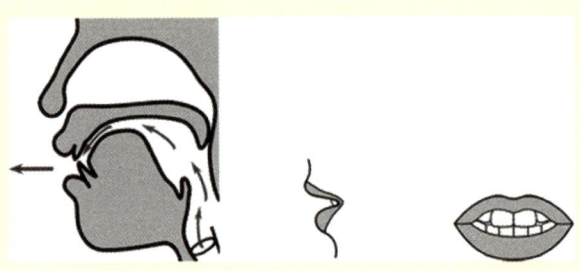

词汇练习

shě dé	hé gé	sè zé	shè kē	tè shè
舍 得	合 格	色 泽	社 科	特 设

zhé hé	gē dé	gē shě	gé hé	gé rè
折 合	歌 德	割 舍	隔 阂	隔 热

ē yú fèng chéng　　zé shàn ér cóng　　dé gāo wàng zhòng
阿 谀 奉 承　　　　择 善 而 从　　　　德 高 望 重

kè jǐ fèng gōng　　zé wú páng dài
克 己 奉 公　　　　责 无 旁 贷

绕口令

é hé hé
鹅 和 河

pō shang lì zhe yī zhī é,　pō xià jiù shì yī tiáo hé。
坡 上 立 着 一 只 鹅,　坡 下 就 是 一 条 河。

宽宽的河，肥肥的鹅，
鹅要过河，河要渡鹅。
不知是鹅过河，还是河渡鹅。

朗读

弟子规

谨

朝起早　夜眠迟　老易至　惜此时

注释

①朝：早晨。

②夜眠迟：晚上不要过早睡觉。

③老易至：人生易老。

④惜此时：珍惜当下的时光。

训练提示

1. 与"o"的发音进行区分，二者的区别为是否圆唇。

2. 练习时保持微笑，露出上下齿，容易找准发音位置。

3. 注意绕口令中"一"的变调。

三、感受力训练

训练内容

好强的公鸡

狐狸早就想吃公鸡肉了。看着那肥胖健硕的公鸡，他真恨不得立刻就上前咬一口。可是他忍住了，黑狗时刻不离公鸡左右，黑狗那对锐利的犬牙可惹不起！

于是他想出了一个主意。

"大家都看见了,那公鸡胆小得可怜,"狐狸逢人便嘲讽公鸡,"别看他个儿大、嗓门高,威风凛凛,实际上毫无骨气——他离不开黑狗,如果不仰仗黑狗的保护,他一天也活不下去,真是无用的窝囊废……"

冷言冷语传到公鸡的耳朵里,他气得一蹦三尺高。

"什么？我胆小要黑狗保护？"公鸡气得脸色发紫，他大嚷大叫："我怕过谁来着，你们没见我格斗时的气势！哼，我再也不跟黑狗住在一起了，你们都看看我能不能活下去。"

这正是狐狸所求之不得的。就在公鸡搬家的当天晚上，狐狸登门造访。我们实在无法领略公鸡当时的英雄气概，只是第二天黎明时没有听到他准时的啼鸣声。天亮了，在公鸡新居前除了些杂乱的鸡毛和骨头，其他什么也没有。

启示：自尊心中包含虚荣心，它会使人失去理智，一旦让敌人利用，后果将不堪设想。

训练提示

1. 注意"一"的变调和轻声的读法。
2. 在展示时要把握角色的性格特征。

第二课

一、记忆力训练——颠三倒四来说话

训练内容

两字词：

手机——机手　　照片——片照

玩具——具玩　　词语——语词

茶叶——叶茶　　萦绕——绕萦

摩擦——擦摩　　奇怪——怪奇

思念——念思　　宁静——静宁

诗词——词诗　　强壮——壮强

阅读——读阅　　疑问——问疑

筷子——子筷　　观赏——赏观

礼貌——貌礼　　新鲜——鲜新

危险——险危　　诚实——实诚

训练提示

1. 以小组的形式，展开竞赛，看哪个组能在最短的时间内完成20个词语的颠倒。

2. 鼓励学生举出更多两字词和颠倒词的例子。

137

二、语音训练

训练内容

i——单韵母、前、高、不圆唇元音、舌面元音,掌握韵母i的正确发音。

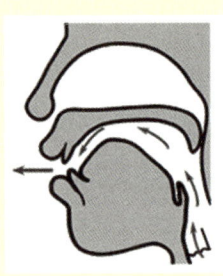  

词汇练习

jī lì	mì mì	bǐ jì	bǐ nǐ	pī lì
激励	秘密	笔记	比拟	霹雳

qí yì	lì tǐ	xì nì	qǐ dí	xī lì
奇异	立体	细腻	启迪	犀利

chì dǎn zhōng xīn　　dì dà wù bó　　rì xīn yuè yì
赤 胆 忠 心　　地 大 物 博　　日 新 月 异

lì gān jiàn yǐng　　tí xiào jiē fēi
立 竿 见 影　　啼 笑 皆 非

绕口令

wáng qī shàng jiē qù mǎi xí
王 七 上 街 去 买 席

qīng zǎo qǐ lái yǔ xī xī, wáng qī shàng jiē qù mǎi xí.
清早起来雨稀稀,王七上街去买席。
qí zhe máo lú pǎo de jí, shāo dài mài dàn yòu fàn lí.
骑着毛驴跑得急,捎带卖蛋又贩梨。

第三级 第二课

yī pǎo pǎo dào xiǎo qiáo xī　　máo lǘ yī xià diē le tí
一 跑 跑 到 小 桥 西，毛 驴 一 下 跌 了 蹄，
dǎ le dàn　sǎ le lí　pǎo le lǘ
打 了 蛋，撒 了 梨，跑 了 驴，
jí de wáng qī yǎn lèi dī　　yòu kū jī dàn yòu mà lǘ
急 得 王 七 眼 泪 滴，又 哭 鸡 蛋 又 骂 驴。

朗读

dì zǐ guī
弟 子 规

jǐn
谨

chén bì guàn	jiān shù kǒu	biàn niào huí	zhé jìng shǒu
晨 必 盥	兼 漱 口	便 溺 回	辄 净 手

注释

①盥：洗脸梳妆。

②漱口：刷牙漱口。

③便溺回：大小便完毕后回来。

④辄净手：应该把手洗干净。

训练提示

1. i 是普通话中舌位最高、口腔开度最小的元音。实际发音时，应做到窄音宽发，尽可能打开口腔，舌位向后调。

2. 要注意展唇。

三、感受力训练

训练内容

风与太阳的故事

北风说："我的风口袋里蓄集了满满的能量，北风吹，万物衰。"

太阳说："我是光和热的始祖，源源不断地散发着能量，太阳照，亮堂堂。"

北风说："我们自个儿这么争论下去也没有意义，谁也没办法说服谁，不如我们来比试一场，就知道谁是乌龟谁是兔了。"

太阳说："嗬！比就比，我还怕你啊，你说吧，比什么？"

北风说："谁能脱掉地球上人们的衣服，谁的能量就最大！"

说完，北风卯足了一口气，向路上的行人吹了过去，想把行人的衣服吹掉。可北风凛冽，冷

得人们纷纷裹紧了身上的衣服。北风见状，吹得更猛烈了，人们冷得没有办法，只好又添了些衣服穿在身上。不管北风怎么吹，都没能把人们的衣服吹下来。

北风实在吹得疲倦了，只好让太阳来上场。最开始的时候，太阳先把和煦温暖的阳光洒向大地，人们渐渐感到温暖，脱去了添加的衣服。后来阳光越来越强烈，人们开始汗流浃背，最后人们实在受不了了，热得脱光了衣服，甚至热得直接跳进了河里去洗澡。最后的比试结果当然是太阳胜利了。

这个故事告诉我们的道理是，态度强硬的批评说教并不能取得预期的结果，反而还会导致反效果，就像北风越吹，人们越会裹紧身上的衣服，甚至还添加衣服一样。和善地劝说教导才能让听者诚服，并主动改变。

训练提示

1. 注意"一"的变调。

2. 角色对话的内容要彰显角色特点。

3. 注意对话和旁白的区别。

第三课

一、记忆力训练——颠三倒四来说话

训练内容

三字词：

培训班——班训培　　目的地——地的目

白日梦——梦日白　　炒鱿鱼——鱼鱿炒

垫脚石——石脚垫　　恶作剧——剧作恶

不倒翁——翁倒不　　座右铭——铭右座

顶梁柱——柱梁顶　　三字经——经字三

口头禅——禅头口　　千里眼——眼里千

擎天柱——柱天擎　　全家福——福家全

玫瑰花——花瑰玫　　葡萄酒——酒萄葡

压岁钱——钱岁压　　电风扇——扇风电

神枪手——手枪神　　顺口溜——溜口顺

训练提示

1. 老师说三字词，学生抢答颠倒词，看看谁的反应最快。

2. 鼓励学生列举更多三字词和颠倒词的例子。

二、语音训练

训练内容

　　u——单韵母、后、高、圆唇元音、舌面元音，掌握韵母 u 的正确发音。

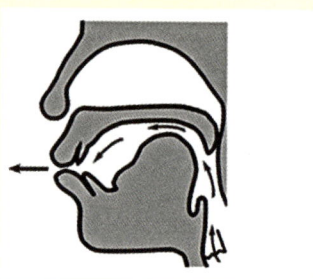  

词汇练习

wǔ shù	mù wū	cū lǔ	sù dù	pǔ sù
武术	木屋	粗鲁	速度	朴素

tú fū	rù gǔ	gù tǔ	zhú lù	fù sū
屠夫	入股	故土	逐鹿	复苏

wǔ guāng shí sè　　chū kǒu chéng zhāng　　gù quán dà jú
五 光 十 色　　　　出 口 成 章　　　　顾 全 大 局

chù jǐng shēng qíng　　rú yú dé shuǐ
触 景 生 情　　　　如 鱼 得 水

绕口令

胡老五和吴小虎
hú lǎo wǔ hé wú xiǎo hǔ

胡家胡同有一个胡老五，
hú jiā hú tong yǒu yī gè hú lǎo wǔ

吴家胡同有一个吴小虎，
wú jiā hú tong yǒu yī gè wú xiǎo hǔ

五月二十五的五点二十五，
wǔ yuè èr shí wǔ de wǔ diǎn èr shí wǔ

胡老五走出胡家胡同来找吴小虎。
hú lǎo wǔ zǒu chū hú jiā hú tong lái zhǎo wú xiǎo hǔ

吴小虎在吴家胡同迎接胡老五。
wú xiǎo hǔ zài wú jiā hú tong yíng jiē hú lǎo wǔ

第三级　第三课

> **朗读**
>
>
>
> dì zǐ guī
> # 弟子规
>
> jǐn
> ## 谨
>
>
>
> guān bì zhèng　　niǔ bì jié　　wà yǔ lǚ　　jù jǐn qiè
> 冠必正　　纽必结　　袜与履　　俱紧切

> **注释**
>
> ①冠必正：帽子要戴好，穿戴、仪容要整洁。
>
> ②纽必结：扣好衣服纽扣。
>
> ③袜与履：袜子和鞋子。
>
> ④俱紧切：都要平整系紧。

训练提示

1. u 音色较暗，注意唇齿相依，不要刻意噘唇。
2. u 是普通话中舌位最后、最高的元音。

三、感受力训练

训练内容

>
>
> sān rén chéng hǔ
> # 三人成虎
>
>
>
> wèi guó dà fū páng gōng hé wèi guó tài zǐ yī qǐ zuò wéi zhào guó de rén zhì
> 魏国大夫庞恭和魏国太子一起作为赵国的人质，

定于某日启程赴赵都邯郸。临行时，庞恭向魏王提出一个问题，他说："如果有一个人对您说，我看见闹市熙熙攘攘的人群中有一只老虎，君王相信吗？"魏王说："我当然不信。"庞恭又问："如果是两个人对您这样说呢？"魏王说："那我也不信。""如果有三个人都说亲眼看见了闹市中的老虎，君王是否还不相信？"魏王说道："既然这么多人都说看见了老虎，肯定确有其事，所以我不能不信。"庞恭听了这话以后，深有感触地说："果然不出我所料，问题就出在这里！事实上，人虎相怕，各占几分。众所周知，一只老虎是绝不敢闯入闹市之中的。如今君王不顾

及情理、不深入调查，只凭三人说虎即肯定有虎，那么等我到了比闹市还远的邯郸，您要是听见三个或更多不喜欢我的人说我的坏话，岂不是要断言我是坏人吗？临别之前，我向您说出这点疑虑，希望君王一定不要轻信人言。"

庞恭走后，一些平时对他心怀不满的人开始在魏王面前说他的坏话。时间一长，魏王果然听信了这些谗言。当庞恭从邯郸回魏国时，魏王再也不愿意召见他了。

看起来，谣言惑众，流言蜚语多了，的确足以毁掉一个人。随声附和的人一多，白的也会被说成黑的，所以我们对待任何事情都要有自己的分析，不要人云亦云，被假象所蒙蔽。

训练提示

1. 注意文中"一"和"不"的变调。

2. 注意文中的轻声读音。

3. 对话要符合人物的身份地位。

第四课

一、记忆力训练——颠三倒四来说话

训练内容

三字词：

军令状——状令军　　里程碑——碑程里

化妆品——品妆化　　运动鞋——鞋动运

巧克力——力克巧　　绕口令——令口绕

花露水——水露花　　开心果——果心开

夏威夷——夷威夏　　洗衣机——机衣洗

学生证——证生学　　水帘洞——洞水帘

招财猫——猫财招　　备忘录——录忘备

望远镜——镜远望　　蒲公英——英公蒲

哈密瓜——瓜密哈　　猕猴桃——桃猴猕

长颈鹿——鹿颈长　　萤火虫——虫火萤

训练提示

1. 组织学生进行词语接龙。
2. 调动学生参与游戏的积极性。

二、语音训练

训练内容

ü——单韵母、前、高、圆唇元音、舌面元音,掌握韵母 ü 的正确发音。

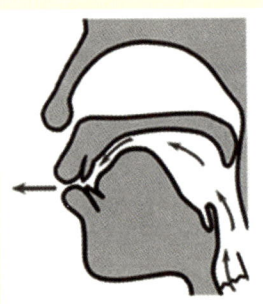

词汇练习

| yǔ jù | xù qǔ | qū yù | jù jū | xú xú |
| 语 句 | 序 曲 | 区 域 | 聚 居 | 徐 徐 |

| xù yǔ | yù jù | qū yú | yǔ xù | jú yù |
| 絮 语 | 豫 剧 | 趋 于 | 语 序 | 局 域 |

yú yīn rào liáng　　bù jué rú lǚ　　jué shì wú shuāng
余 音 绕 梁　　　　不 绝 如 缕　　绝 世 无 双

jù lǐ lì zhēng　　qū zhǐ kě shǔ
据 理 力 争　　屈 指 可 数

绕口令

村里新开一条渠

村里新开一条渠，弯弯曲曲上山去。
河水雨水渠里流，满山庄稼一片绿。

朗读

弟子规

谨

置冠服　有定位　勿乱顿　致污秽

注释

①置冠服：放置衣帽时。

②有定位：应该有固定的位置。

③勿乱顿：不要乱扔乱放。

④致污秽：以免使家中脏乱。

训练提示

1. "ü"与"i"的发音情况基本相同，区别就在于唇形的圆与扁。

2. 念不准时，可以先念 i，再将声音拖长，逐渐收敛嘴角成圆形。体会 ü 的发音。

3. 注意 ü 的唇形，不能噘起做吹口哨状，要保持唇齿相依，上唇稍用力撮起。

三、感受力训练

训练内容

huà shé tiān zú
画 蛇 添 足

yǒu gè chǔ guó guì zú　　zài jì sì guò zǔ zōng hòu　　bǎ yī hú jì jiǔ
有个楚国贵族，在祭祀过祖宗后，把一壶祭酒
shǎng gěi mén kè men hē　　zhè me duō rén hē yī hú jiǔ　　kěn dìng bù gòu
赏给门客们喝。这么多人喝一壶酒，肯定不够，
hái bù rú gān cuì gěi yī gè rén hē　　hē de tòng tòng kuài kuài hái hǎo xiē
还不如干脆给一个人喝，喝得痛痛快快还好些。

可是到底给谁好呢？于是，门客们商量出一个好主意，就是每个人各自在地上画一条蛇，谁先画好了这壶酒就归谁喝。

　　门客们一人拿一根小棍，开始在地上画蛇。有一个人画得很快，不一会儿，他就把蛇画好了，正待他要喝酒时，他一眼瞅见其他人还没把蛇画完，便十分得意地又拿起小棍，边自言自语："看我再来给蛇添上几只脚，他们也未必画完。"边说边给画好的蛇画脚。

不料，这个人还没给蛇画完脚，手上的酒壶便被旁边一个人一把抢了过去，原来，那个人的蛇画完了。这个给蛇画脚的人不依，说："我最先画完蛇，酒应归我喝！"那个人笑着说："你到现在还在画，而我已完工，酒当然是我的！"画蛇脚的人争辩说："我早就画完了，现在是趁时间还早，不过是给蛇添几只脚而已。"那人说："蛇本来就没有脚，你要给它添几只脚那你就添吧，酒反正你是喝不成了！"

那人毫不客气地喝起酒来，那个给蛇画脚的人却眼巴巴看着本属于自己而现在已被别人拿走的酒，后悔不已。

有些人自以为是，喜欢节外生枝、卖弄自己的才能，结果往往弄巧成拙，不正像这个画蛇添足的人吗？

训练提示

1. 注意文中"一"和"不"的变调。
2. 抓住文中描写人物的形容词，使表现更具有活力。

第五课

一、记忆力训练——颠三倒四来说话

训练内容

动宾结构：

逛公园——园公逛　　打篮球——球篮打

取快递——递快取　　学知识——识知学

爱唱歌——歌唱爱　　做演讲——讲演做

放风筝——筝风放　　打麻将——将麻打

端正态度——度态正端　　表演节目——目节演表

改正错误——误错正改　　表示感谢——谢感示表

解决问题——题问决解　　克服困难——难困服克

饱经风霜——霜风经饱　　痛改前非——非前改痛

枉费心机——机心费枉　　平分秋色——色秋分平

巧夺天工——工天夺巧　　明察秋毫——毫秋察明

训练提示

1. 除了书中列举的词组外，鼓励学生多列举动宾结构的词组。

2. 利用主谓结构的词组进行练习。

3. 先解释清楚什么是动宾结构，再进行游戏和造词。

二、语音训练

训练内容

ai——前响复韵母。

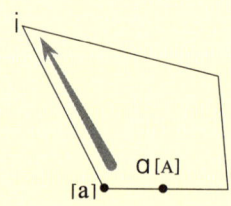

词汇练习

| cǎi pái | bái cài | ài dài | pāi mài | hǎi dài |
| 彩 排 | 白 菜 | 爱 戴 | 拍 卖 | 海 带 |

kāi cǎi　　zāi hài　　cǎi zhāi　　mǎi mài　　tái hǎi
开 采　　灾 害　　采 摘　　买 卖　　台 海

ài mò néng zhù　　lái rì fāng cháng　　pāi shǒu chēng kuài
爱 莫 能 助　　来 日 方 长　　拍 手 称 快

sài wēng shī mǎ　　kāi chéng bù gōng
塞 翁 失 马　　开 诚 布 公

绕口令

bāi bái cài
掰 白 菜

bāi bái cài，　bān bái cài，
掰 白 菜，搬 白 菜，

bāi wán bái cài bān bái cài，
掰 完 白 菜 搬 白 菜，

bān wán bái cài bāi bái cài。
搬 完 白 菜 掰 白 菜。

朗读

弟子规
谨

衣贵洁　不贵华　上循分　下称家

注释

①衣贵洁：衣服贵在整洁。

②不贵华：而不在华丽。

③上循分：（穿的衣服）要符合自己的身份。

④下称家：根据自己的家庭实力量力而行。

训练提示

1. a 音清亮，i 音短弱。

2. 发 ai 音有助于找到打开口腔的感觉，口腔开度过小容易与 ei 混淆。

3. 注意口腔的开合和舌位的移动。

三、感受力训练

训练内容

狐假虎威

有一天，一只老虎正在深山老林里转悠，突然发现了一只狐狸，便迅速抓住了它，心想今天又可以美美地享受一顿了。

狐狸生性狡猾，于是对老虎说："我是天帝派到山林中来当百兽之王的，你要是吃了我，天帝是不会饶恕你的。"

老虎便问："你当百兽之王，有何证据？"

狐狸说："你如果不相信我的话，可以随我到山林中走一走，我让你亲眼看看百兽对我望而生畏的样子。"

老虎便让狐狸在前面带路，自己尾随其后，一道向山林的深处走去。

森林中的野兔、山羊、花鹿、黑熊等各种兽类远远地看见老虎来了，一个个都吓得魂飞魄散，纷纷夺路逃命。

转了一圈之后,狐狸洋洋得意地对老虎说道:"现在你该看到了吧,森林中的百兽,有谁不怕我?"

老虎并不知道百兽害怕的正是它自己,反而因此相信了狐狸的谎言。狐狸不仅躲过了被吃的厄运,而且还在百兽面前大抖了一回威风。对于那些像狐狸一样仗势欺人的人,我们应当学会识破他们的伎俩。

训练提示

1. 注意文中"一"的变调和轻声的读法。

2. 从角色的语言中把握角色的性格特征,有助于增强感染力。

第六课

一、记忆力训练——颠三倒四来说话

训练内容

动宾结构：

破天荒——荒天破　　走过场——场过走

踢足球——球足踢　　喝饮料——料饮喝

开飞机——机飞开　　写作业——业作写

说笑话——话笑说　　听音乐——乐音听

维持秩序——序秩持维　　增强信心——心信强增

打动人心——心人动打　　征求意见——见意求征

交流经验——验经流交　　坚定立场——场立定坚

大显身手——手身显大　　引经据典——典据经引

斩钉截铁——铁截钉斩　　披星戴月——月戴星披

温故知新——新知故温　　捕风捉影——影捉风捕

训练提示

1. 在拓展了这么多词语后，以小组形式进行词语接龙游戏。

2. 进行单项训练，只规定一个动词，要求学生组成更多动宾结构的词组。

二、语音训练

训练内容

ei——前响复韵母。

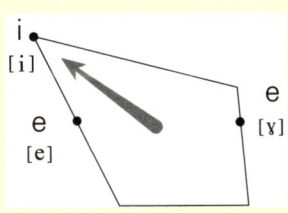

词汇练习

| běi měi | hēi méi | pèi bèi | fēi zéi | bèi lěi |
| 北 美 | 黑 煤 | 配 备 | 飞 贼 | 蓓 蕾 |

| féi měi | běi fēi | bèi lèi | mèi mei | fēi děi |
| 肥 美 | 北 非 | 贝 类 | 妹 妹 | 非 得 |

fēi huáng téng dá　　hēi bái fēn míng　　méi fēi sè wǔ
飞 黄 腾 达　　黑 白 分 明　　眉 飞 色 舞

lèi rú yǔ xià　　fèi qǐn wàng shí
泪 如 雨 下　　废 寝 忘 食

绕口令

dōng tiān xuě huā shì bǎo bèi
冬天雪花是宝贝

běi fēng chuī　xuě huā fēi　 dōng tiān xuě huā shì bǎo bèi
北风吹，雪花飞，冬天雪花是宝贝，
qù gěi mài miáo gài shàng bèi　 míng nián mài zi duō jǐ bèi
去给麦苗盖上被，明年麦子多几倍。

第三级　第六课

161

朗读

dì zǐ guī
弟 子 规

jǐn
谨

duì yǐn shí　　wù jiǎn zé　　shí shì kě　　wù guò zé
对 饮 食　　勿 拣 择　　食 适 可　　勿 过 则

注释

① 勿拣择：不要挑挑拣拣。

② 食适可：吃饭时要适可而止。

③ 勿过则：不要超过平时的食量。

训练提示

1. e 音清亮，i 音短弱。

2. 注意不要与 ai 混淆。

三、感受力训练

训练内容

sài wēng shī mǎ
塞 翁 失 马

cóng qián　yǒu wèi lǎo hàn zhù zài yǔ hú rén xiāng lín de biān sài dì qū　lái
从 前，有位老汉住在与胡人相邻的边塞地区，来来往往的过客都尊称他为"塞翁"。有一天,塞翁家的马不知什么原因竟迷了路。塞翁却不以为意,反而说:"丢了马虽然是件坏事,但谁知道它会不会带来好的结果呢?"

果然,没过几个月,那匹迷途的老马不仅跑了回来,还带回了一匹胡人骑的骏马。这时的塞翁却忧心忡忡地说:"唉,谁知道这件事会不会给我带来灾祸呢?"

平添了一匹骏马，使他的儿子喜不自胜，天天骑马兜风，乐此不疲。终于有一天，儿子因得意忘形，从飞驰的马背上掉了下来，摔伤了一条腿，造成了终生残疾。邻居们闻讯后前来慰问，而塞翁却还是那句老话："谁知道它会不会带来好的结果呢？"

又过了一年，胡人大举入侵中原，身强力壮的青年都被征去当了兵，而塞翁的儿子因为是个跛腿，免服兵役，所以他们父子得以避免这场生离死别的灾难。

"塞翁失马，焉知祸福。"它说明人世间的好事与坏事都不是绝对的，在一定的条件下，坏事可以引出好的结果，好事也可能会引出坏的结果。

训练提示

1. 注意文中"一"和"不"的变调。
2. 引导学生思考，说说自己的看法。

第七课

一、记忆力训练——颠三倒四来说话

训练内容

叠词：

红彤彤——彤彤红　　绿油油——油油绿

毛茸茸——茸茸毛　　慢悠悠——悠悠慢

孤零零——零零孤　　娇滴滴——滴滴娇

脏兮兮——兮兮脏　　皱巴巴——巴巴皱

直勾勾——勾勾直　　三三两两——两两三三

红红火火——火火红红　　干干净净——净净干干

整整齐齐——齐齐整整　　慌慌张张——张张慌慌

大大方方——方方大大　　沸沸扬扬——扬扬沸沸

家家户户——户户家家　　勤勤恳恳——恳恳勤勤

认认真真——真真认认　　世世代代——代代世世

栩栩如生——生如栩栩　　翩翩起舞——舞起翩翩

侃侃而谈——谈而侃侃　　循循善诱——诱善循循

◉ 训练提示

1. 除了以上列举的词语，鼓励学生列举更多叠词。

2. 进行叠词的颠倒词训练时，注意每个字都要念清楚，不要吃字。

二、语音训练

◉ 训练内容

ao——前响复韵母。

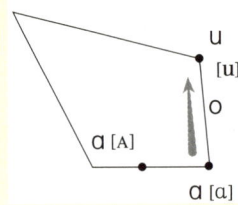

词汇练习

gāo kǎo	bào dào	táo pǎo	pāo máo	láo kào
高 考	报 到	逃 跑	抛 锚	牢 靠
gāo cháo	bào gào	sāo rǎo	bǎo dǎo	gāo ào
高 潮	报 告	骚 扰	宝 岛	高 傲

dào mào àn rán　　máo suì zì jiàn　　mào hé shén lí
道 貌 岸 然　　毛 遂 自 荐　　貌 合 神 离

láo kǔ gōng gāo　　cǎo cǎo liǎo shì
劳 苦 功 高　　草 草 了 事

绕口令

māo nào niǎo
猫闹鸟

dōng bian miào lǐ yǒu gè māo
东 边 庙 里 有 个 猫，
xī bian shù shāo yǒu zhī niǎo
西 边 树 梢 有 只 鸟。
māo niǎo tiān tiān nào
猫 鸟 天 天 闹，
bù zhī shì māo nào shù shang niǎo
不 知 是 猫 闹 树 上 鸟，
hái shi niǎo nào miào lǐ māo
还 是 鸟 闹 庙 里 猫。

第三级　第七课

朗读

弟子规

谨

nián fāng shào　　wù yǐn jiǔ　　yǐn jiǔ zuì　　zuì wèi chǒu
年 方 少　　勿 饮 酒　　饮 酒 醉　　最 为 丑

注释

①年方少：年纪还小时。

②勿饮酒：不要喝酒。

③饮酒醉：喝酒之后的醉态。

④丑：丑陋，丢脸。

训练提示

1. 注意"后音前发"的问题
2. 归音的唇形、舌位接近 u。

三、感受力训练

训练内容

jǐ yǔ
给 予

yǒu gè lǎo mù jiàng zhǔn bèi tuì xiū　　tā gào sù lǎo bǎn shuō　　yào lí
有个老木匠准备退休，他告诉老板说，要离

开建筑行业，回家与妻子儿女享受天伦之乐。老板舍不得他的好工人走，问他是否能帮忙再建一座房子，老木匠说可以。但是大家后来都看得出来，他的心已不在工作上。房子建好的时候，老板把大门的钥匙递给了他。

"这是你的房子，我送给你的礼物。"

他震惊得目瞪口呆，羞愧得无地自容。如果他早知道是在给自己建房子，他怎么会这样呢？现在他得住在一幢粗制滥造的房子里！我们又何尝不是这样。我们漫不经心地建造自己的生活，不是积极行动，而是消极应付，凡事不肯精益求精，在关键时刻不能尽最大努力。

等我们惊觉自己的处境时,早已深困在自己建造的房子里了。你的生活是你一生唯一的创造,不能抹平重建,即使只有一天可活,那一天也要活得优美、高贵,墙上的铭牌上写着:"生活是自己创造的!"

训练提示

1. 注意文中"一"和"不"的变调。
2. 这篇文章的对话较少,讲述感较强,注意把握。

第八课

一、记忆力训练——颠三倒四来说话

叠词：

黑漆漆——漆漆黑　　油腻腻——腻腻油

湿漉漉——漉漉湿　　胖嘟嘟——嘟嘟胖

文绉绉——绉绉文　　甜蜜蜜——蜜蜜甜

金灿灿——灿灿金　　暖洋洋——洋洋暖

乱糟糟——糟糟乱　　隐隐约约——约约隐隐

郁郁葱葱——葱葱郁郁　　祖祖辈辈——辈辈祖祖

吞吞吐吐——吐吐吞吞　　堂堂正正——正正堂堂

是是非非——非非是是　　来来往往——往往来来

条条框框——框框条条　　熙熙攘攘——攘攘熙熙

沾沾自喜——喜自沾沾　　蒸蒸日上——上日蒸蒸

孜孜不倦——倦不孜孜　　窃窃私语——语私窃窃

芸芸众生——生众芸芸　　欣欣向荣——荣向欣欣

训练提示

1. 以小组的形式，展开竞赛，看哪个组能在最短的时间内完成20个词语的颠倒词游戏。

2. 鼓励学生举例说出更多叠词和颠倒词。

3. 叠词的形式还有很多种，例如ABAC、ABCA，等等。可进一步拓展。

二、语音训练

训练内容

ou——前响复韵母。

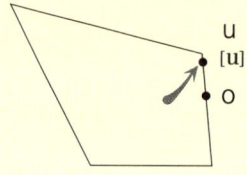

词汇练习

shōu gòu	hóu tóu	dǒu sǒu	gōu lóu	chǒu lòu
收 购	喉 头	抖 擞	佝 偻	丑 陋

ōu zhōu	lòu dǒu	zhōu yóu	kòu shǒu	shǒu hòu
欧 洲	漏 斗	周 游	叩 首	守 候

ǒu xīn lì xuè	shǒu wǔ zú dǎo	shǒu kǒu rú píng
呕 心 沥 血	手 舞 足 蹈	守 口 如 瓶

ǒu duàn sī lián	kǒu zhū bǐ fá
藕 断 丝 连	口 诛 笔 伐

绕口令

狗和猴(gǒu hé hóu)

杂(zá)技(jì)团(tuán)里(lǐ)狗(gǒu)和(hé)猴(hóu)，演(yǎn)个(gè)节(jié)目(mù)猴(hóu)骑(qí)狗(gǒu)。
猴(hóu)骑(qí)狗(gǒu)，狗(gǒu)驮(tuó)猴(hóu)，狗(gǒu)驮(tuó)猴(hóu)骑(qí)往(wǎng)前(qián)走(zǒu)，
猴(hóu)在(zài)狗(gǒu)背(bèi)欺(qī)侮(wǔ)狗(gǒu)，狗(gǒu)使(shǐ)劲(jìn)摔(shuāi)背(bèi)上(shang)猴(hóu)。
猴(hóu)抓(zhuā)狗(gǒu)，狗(gǒu)咬(yǎo)猴(hóu)，猴(hóu)骑(qí)狗(gǒu)变(biàn)成(chéng)狗(gǒu)斗(dòu)猴(hóu)。

第三级　第八课

朗读

弟子规(dì zǐ guī)

谨(jǐn)

步(bù)从(cóng)容(róng)　立(lì)端(duān)正(zhèng)　揖(yī)深(shēn)圆(yuán)　拜(bài)恭(gōng)敬(jìng)
勿(wù)践(jiàn)阈(yù)　勿(wù)跛(bǒ)倚(yǐ)　勿(wù)箕(jī)踞(jù)　勿(wù)摇(yáo)髀(bì)

注释

①步：走路。

②立：站立。

③揖深圆：行揖礼时，要把身子弓下去。

④拜恭敬：行叩拜礼时要表现得恭恭敬敬。

⑤勿践阈：不要踩在门槛上。

⑥勿跛倚：站立时不要斜着歪着靠在墙上。

⑦勿箕踞：坐着时不要把两条腿叉开。

⑧勿摇髀：不要摇晃双腿。

训练提示

1. o 音长亮，u 音口腔开度大、但发音较短。

2. 唇形比 u 扁。

三、感受力训练

训练内容

蛤蟆的担忧

一天，艾子乘船在海上漫游。忽然，艾子听到有哭声，他感到十分奇怪，这周围空荡荡的，并无其他什么人。声音是从水底下传来的，还有阵阵说话声。

"小兄弟,你听说了吗?龙王昨天传出命令,水族中凡是有尾巴的,都一律要斩首。我是一条鲤鱼,我有尾巴,也在被斩首之列,我想,龙王绝不会放过我的,他一定会杀了我呀!我该怎么办呢?"

接着,蛤蟆也哭起来了。鲤鱼奇怪地问:"小兄弟,你哭什么呢?你是蛤蟆,又没长尾巴,龙王又不会杀掉你,你为什么伤心呢?"只听蛤蟆回答说:"我现在是没有尾巴,可是你有所不知,我原来可是有尾巴的呀。要是龙王追查我当蝌蚪时的情况,那我不也难逃一死吗?"

第三级 第八课

看来，蛤蟆的担忧并非多余的，如果龙王真的是个残酷无情、昏庸暴戾的家伙，蛤蟆恐怕也真是在劫难逃了。

训练提示

1. 注意文中"一"和"不"的变调。
2. 对话要彰显角色特点，旁白要有讲述感。

第 九 课

一、记忆力训练——颠三倒四来说话

训练内容

成语：

生龙活虎——虎活龙生　　百里挑一——一挑里百

情非得已——已得非情　　满腹经纶——纶经腹满

孤掌难鸣——鸣难掌孤　　知己知彼——彼知己知

海阔天空——空天阔海　　春暖花开——开花暖春

相濡以沫——沫以濡相　　海市蜃楼——楼蜃市海

一路顺风——风顺路一　　无懈可击——击可懈无

喜闻乐见——见乐闻喜　　百鸟朝凤——凤朝鸟百

亡羊补牢——牢补羊亡　　阳春白雪——雪白春阳

花容月貌——貌月容花　　掩耳盗铃——铃盗耳掩

岁寒三友——友三寒岁　　乐不思蜀——蜀思不乐

训练提示

1. 先理解成语意思再进行游戏。
2. 可以进行成语故事表演，帮助学生理解。

二、语音训练

训练内容

ie——后响复韵母。

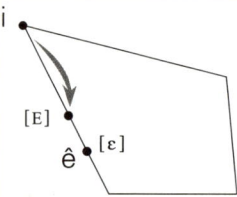

词汇练习

jié yè	jiě jie	yè jiè	piē jiàn	dié dié
结业	姐姐	业界	瞥见	喋喋

jié jiè	tiě xiè	tiē qiè	qiè qiè	liè jiě
结界	铁屑	贴切	切切	裂解

yè gōng hào lóng　　tiě miàn wú sī　　bié kāi shēng miàn
叶 公 好 龙　　铁 面 无 私　　别 开 生 面

jiè tí fā huī　　bié jù yī gé
借 题 发 挥　　别 具 一 格

绕口令

qié zi
茄 子

jiě jie jiè dāo qiē qié zi
姐 姐 借 刀 切 茄 子，

qù bǎ er qù yè er xié qiē sī
去 把 儿 去 叶 儿 斜 切 丝。

qiē hǎo qié zi shāo qié zi
切 好 茄 子 烧 茄 子，

chǎo qié zi　zhēng qié zi
炒茄子、蒸茄子，
hái yǒu yī wǎn mèn qié zi
还有一碗焖茄子。

朗读

dì zǐ guī
弟 子 规

jǐn
谨

huǎn jiē lián　　wù yǒu shēng　　kuān zhuǎn wān　　wù chù léng
缓 揭 帘　　勿 有 声　　宽 转 弯　　勿 触 棱
zhí xū qì　　rú zhí yíng　　rù xū shì　　rú yǒu rén
执 虚 器　　如 执 盈　　入 虚 室　　如 有 人

注释

①缓揭帘：进出门揭帘子时，动作要轻缓。

②勿有声：不要故意发出声响。

③宽转弯：拐弯时角度要大一点。

④勿触棱：以免碰到物品的棱角。

⑤执虚器：拿空的器皿时。

⑥如执盈：就像拿了装满东西的器皿时一样小心。

⑦入虚室：进入没有人的房间时。

⑧如有人：要像进入有人的房间一样，不可以随便，需注意言行。

训练提示

1. i 音短暂，e 音响亮。
2. 熟读并理解所学《弟子规》中的《谨》的内容。

三、感受力训练

训练内容

滥竽充数
làn yú chōng shù

　　齐国的国君齐宣王爱好音乐，手下有300个善于吹竽的乐师，总是叫这300个人在一起合奏给他听。

南郭先生觉得有机可乘，就跑到齐宣王那里吹嘘自己说："大王啊，我是个有名的乐师，听过我吹竽的人没有不被感动的，就是鸟兽听了也会翩翩起舞，花草听了也会合着节拍颤动，我愿把我的绝技献给大王。"齐宣王痛快地收下了他，把他编进了那支队伍中。

这以后，南郭先生就随那300人一块儿合奏给齐宣王听，和大家一样拿优厚的薪水和丰厚的赏赐，心里得意极了。

其实南郭先生压根儿就不会吹竽。每逢演奏的时候，他就捧着竽混在队伍中，脸上装出一副动情忘我的样子，看上去和别人一样吹奏得挺投入，还真瞧不出什么破绽来。

可是好景不长，过了几年，爱听竽合奏的齐宣王死了，他的儿子继承了王位。可是他认为独奏更加悠扬逍遥，于是发布了一道命令，让这300人轮流吹竽给他欣赏。滥竽充数的南郭先生急得像热锅上的蚂蚁，惶惶不可终日。他想来想去，觉得这次再也混不过去了，只好连夜收拾行李逃走了。

像南郭先生这样的人，骗得了一时，骗不了一世。假的就是假的，最终逃不过实践的检验，会被揭穿伪装。我们想要成功，唯一的办法就是勤奋学习，只有练就一身过硬的真本领，才能经受得住一切考验。

训练提示

1. 注意文中"一"和"不"的变调。
2. "先生"的"生"为轻声。
3. 讨论：南郭先生到底是不是聪明人？为什么？

第十课

一、记忆力训练——颠三倒四来说话

训练内容

成语：

天马行空——空行马天　　江山如画——画如山江

风华正茂——茂正华风　　完璧归赵——赵归璧完

老马识途——途识马老　　五湖四海——海四湖五

雨过天晴——晴天过雨　　乘风破浪——浪破风乘

眉飞色舞——舞色飞眉　　水落石出——出石落水

拔苗助长——长助苗拔　　名胜古迹——迹古胜名

春华秋实——实秋华春　　画龙点睛——睛点龙画

约法三章——章三法约　　井底之蛙——蛙之底井

能说会道——道会说能　　川流不息——息不流川

走马观花——花观马走　　琴棋书画——画书棋琴

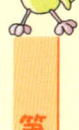

训练提示

1. 鼓励学生列举更多成语的颠倒词。

2. 列举有关动物的成语，再进行第二轮颠倒词游戏。

二、语音训练

训练内容

üe——后响复韵母。

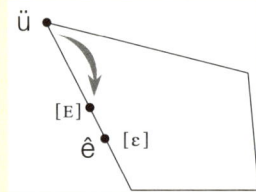

词汇练习

yuè ěr	yuè zhāng	yuè liang	luè duó	xué jiè
悦耳	乐章	月亮	掠夺	学界

què yuè	yuē shù	yuè jìn	jué cè	jué xué
雀跃	约束	跃进	决策	绝学

yuē dìng sú chéng	jué wú jǐn yǒu	xuě shàng jiā shuāng
约定俗成	绝无仅有	雪上加霜

xuè qì fāng gāng	xué yǐ zhì yòng
血气方刚	学以致用

绕口令

xǐ què
喜 鹊

yī qún huī xǐ què, yī qún hēi xǐ què.
一群灰喜鹊，一群黑喜鹊。
huī xǐ què fēi jìn hēi xǐ què qún,
灰喜鹊飞进黑喜鹊群，
hēi xǐ què qún lǐ yǒu huī xǐ què.
黑喜鹊群里有灰喜鹊。

hēi xǐ què fēi jìn huī xǐ què qún
黑喜鹊飞进灰喜鹊群，
huī xǐ què qún lǐ yǒu hēi xǐ què
灰喜鹊群里有黑喜鹊。

朗读

dì zǐ guī
弟子规

jǐn
谨

shì wù máng	máng duō cuò	wù wèi nán	wù qīng lüè
事勿忙	忙多错	勿畏难	勿轻略
dòu nào chǎng	jué wù jìn	xié pì shì	jué wù wèn
斗闹场	绝勿近	邪僻事	绝勿问

注释

①事勿忙：做事不要慌慌张张。

②忙多错：忙中容易出错。

③勿畏难：不要害怕困难。

④勿轻略：不要草率、轻率。

⑤斗闹场：进行打斗、赌博等的喧闹的场所。

⑥绝勿近：绝对不要接近。

⑦邪僻事：对于邪恶的事情。

⑧绝勿问：不要好奇过问。

训练提示

1. ü音轻短、e音响亮。
2. 发音时注意撮口的唇形，打开口腔。

三、感受力训练

训练内容

高山流水（gāo shān liú shuǐ）

俞伯牙(yú bó yá)擅长(shàn cháng)弹琴(tán qín)，钟子期(zhōng zǐ qī)擅长(shàn cháng)听音(tīng yīn)辨意(biàn yì)。有一次(yǒu yī cì)，伯牙(bó yá)来到(lái dào)泰山(tài shān)北面(běi miàn)游览(yóu lǎn)时(shí)，突然(tū rán)遇到了(yù dào le)暴雨(bào yǔ)，滞留(zhì liú)在岩石(zài yán shí)之下(zhī xià)，心里(xīn lǐ)寂寞(jì mò)忧伤(yōu shāng)，便拿出(biàn ná chū)随身(suí shēn)

带的古琴弹了起来。刚开始,他弹奏了反映连绵大雨的琴曲;接着,他又演奏了山崩似的乐音。恰在此时,樵夫钟子期忍不住在临近的一丛野菊后叫道:"好曲!真是好曲!"他听到伯牙弹琴,心旷神怡,情不自禁地发出了由衷的赞赏。

伯牙凝神于高山,赋意在曲调之中,钟子期在一旁听后频频点头:"好啊,巍巍峨峨,真像一座高峻无比的山啊!"伯牙又沉思于流水,隐情在旋律之外,钟子期听后,又在一旁击掌称绝:"妙啊,浩浩荡荡,就如同江河奔流一样呀!"伯牙每奏一支琴曲,钟子期就能完全听出它的意旨和情趣,这使得伯牙惊喜异常。

二人于是结为知音,并约好第二年再相会论琴。可是第二年伯牙来会钟子期时,得知钟子期不久前已经因病去世。俞伯牙痛惜伤感,难以用语言表达,于是就摔破了自己从不离身的古琴,从此不再抚弦弹奏,以谢平生难得的知音。

这个故事告诉我们:人之相知,贵在知心。

训练提示

1. 注意文中"一"和"不"的变调。

2. 可以用"高山流水"的音乐配合课堂教学。

3. 鼓励学生说出自己与好朋友之间的故事,加深他们对文章的感受力。

第十一课

一、记忆力训练——颠三倒四来说话

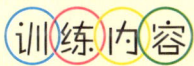

句子：

铁钉钉铁板——板铁钉钉铁

班干部管班干部——部干班管部干班

日久见人心——心人见久日

肥水不流外人田——田人外流不水肥

瑞雪兆丰年——年丰兆雪瑞

藤条顶上挂铜铃——铃铜挂上顶条藤

海内存知己——己知存内海

天街小雨润如酥——酥如润雨小街天

天涯若比邻——邻比若涯天

冬天麦盖三层被——被层三盖麦天冬

读书破万卷——卷万破书读

竹篮打水一场空——空场一水打篮竹

知识就是力量——量力是就识知

君子之交淡如水——水如淡交之子君

从来不说颠倒话——话倒颠说不来从

小荷才露尖尖角——角尖尖露才荷小

一寸光阴一寸金——金寸一阴光寸一

长江后浪推前浪——浪前推浪后江长

训练提示

1. 逐渐增加难度，由五字句到七字句，增强学生参与游戏的自信心。

2. 先理解句意再进行游戏，效果更佳。

二、语音训练

训练内容

i（o）u——中响复韵母。

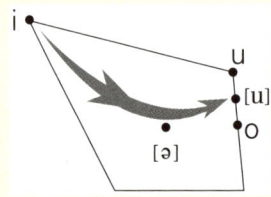

词汇练习

yōu jiǔ	yōu xiù	xiù qiú	qiú jiù	miù wù
悠久	优秀	绣球	求救	谬误
liú qiú	jiǔ yǒu	qiū yóu	jiǔ liú	niū niu
琉球	酒友	秋游	久留	妞妞
liú yán fēi yǔ	yóu rèn yǒu yú	qiú quán zé bèi
流言蜚语	游刃有余	求全责备
jiù yóu zì qǔ	qiú xián ruò kě
咎由自取	求贤若渴

绕口令

小柳和小妞

路东住着刘小柳，
路南住着牛小妞，
刘小柳拿着大皮球，
牛小妞抱着大石榴，
刘小柳把大皮球送给牛小妞，
牛小妞把大石榴送给刘小柳，
牛小妞脸儿乐得像红皮球，
刘小柳笑得像开花的大石榴。

朗读

弟子规

谨

将入门　问孰存　将上堂　声必扬
人问谁　对以名　吾与我　不分明

注释

①将入门：将要入门之前。

②问孰存：应当先问"有人在吗？"

③将上堂：进入客厅之前。

④声必扬：先提高声音，让屋里的人知道有人来了。

⑤人问谁：屋里的人问"是谁呀？"

⑥对以名：回答自己的名字。

⑦吾与我：若是回答"我"

⑧不分明：让人无法分辨清楚。

训练提示

1. 拼写时为 iu，省略了主要的元音，但发音时必须保证主要元音的饱满响亮和时长。

2. 注意口腔开度，以及尾音 u 的唇形，以保证字音的准确度。

三、感受力训练

训练内容

染丝的联想

墨子在经过一家染坊时，看见工匠们将雪白的丝织品分别放进热气腾腾的染缸里，浸泡良久后取出，丝织品在晾晒时就变成不同颜色的织物了。随后，墨子有所顿悟，不觉长叹一声说："本来都是雪白的丝织品，而今放到青色颜料的染缸里浸泡后就变成了青色，放到黄色颜料的染缸里浸泡后就变成了黄色。所用的颜料不同，染出来的颜色也随之不同。如果我们将白丝先后放到五种不同颜色的染缸里各染一遍，它就会改变五次颜色。如此看来，染丝的时候，人们就不能不谨慎了。"

其实在人世间，不仅染丝与染缸的颜料有关，即使是一个人、一个国家，不也存在着一个会染上什么颜色的问题吗？

这则寓言提醒人们，对于一个涉世未深、纯洁无瑕的青少年来说，当他身处五颜六色的社会大染缸之中时，一定要牢记"近朱者赤，近墨者黑"的真理，择善而从，以促使自己更健康地成长。

训练提示

1. 注意文中"一"的变调。
2. 激发学生思考自己身边有什么事情使他们悟出了一个道理。

第十二课

一、记忆力训练——颠三倒四来说话

训练内容

句子：

远亲不如近邻——邻近如不亲远

满园春色关不住——住不关色春园满

欲速则不达——达不则速欲

三人行必有我师焉——焉师我有必行人三

千里共婵娟——娟婵共里千

门上挂着蓝布棉门帘——帘门棉布蓝着挂上门

自古英雄出少年——年少出雄英古自

风吹草低见牛羊——羊牛见低草吹风

业精于勤荒于嬉——嬉于荒勤于精业

众人拾柴火焰高——高焰火柴拾人众

冰棒碰瓶瓶必崩——崩必瓶瓶碰棒冰

楼头倒吊短单刀——刀单短吊倒头楼

滚滚长江东逝水——水逝东江长滚滚

接天莲叶无穷碧——碧穷无叶莲天接

青出于蓝而胜于蓝——蓝于胜而蓝于出青

不入虎穴焉得虎子——子虎得焉穴虎入不

灰喜鹊飞进黑喜鹊群——群鹊喜黑进飞鹊喜灰

书籍是人类进步的阶梯——梯阶的步进类人是籍书

训练提示

1. 为帮助学生理解，可加入表演。
2. 拓展训练：颠倒念古诗。

二、语音训练

训练内容

u（e）i——中响复韵母。

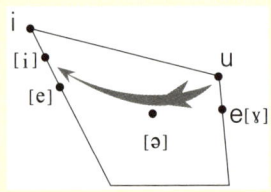

词汇练习

wěi suí	huí guī	zhuī suí	cuī huǐ	cuì wēi
尾 随	回 归	追 随	摧 毁	翠 微
huì huī	tuī wěi	huí wèi	huì cuì	shuǐ wèi
会 徽	推 诿	回 味	荟 萃	水 位

guī xīn sì jiàn	huì shēng huì sè	tuī bō zhù lán
归 心 似 箭	绘 声 绘 色	推 波 助 澜
shuǐ dào qú chéng	zhuī huǐ mò jí	
水 到 渠 成	追 悔 莫 及	

绕口令

嘴和腿

嘴说腿，腿说嘴。
嘴说腿爱跑腿，
腿说嘴爱卖嘴。
光动嘴，不动腿，
不如不长腿。
光动腿，不动嘴，
不如不长嘴。
又动腿，又动嘴，
腿不再说嘴，嘴不再说腿。

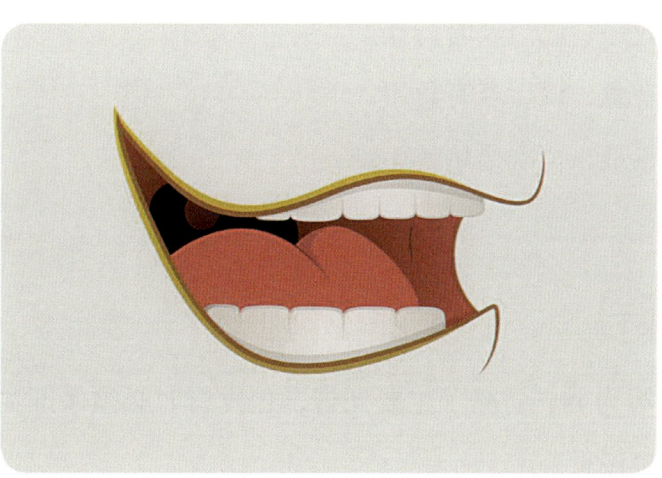

朗读

dì zǐ guī
弟 子 规

jǐn
谨

yòng rén wù	xū míng qiú	tǎng bù wèn	jí wéi tōu
用 人 物	须 明 求	倘 不 问	即 为 偷
jiè rén wù	jí shí huán	hòu yǒu jí	jiè bù nán
借 人 物	及 时 还	后 有 急	借 不 难

注释

①用人物：使用他人的东西。

②须明求：应该明明白白向人请求，征得同意。

③倘不问：如果没有询问主人的意愿。

④即为偷：那就是偷盗的行为。

⑤借人物：借用他人的物品。

⑥及时还：应当及时归还。

⑦后有急：以后若有急用。

⑧借不难：再次借用就不难。

训练提示

1. 拼写为 ui，省略了主要元音，但发音时必须保证主要元音饱满响亮，时长充分。

2. 在非零声母音节中，e 并不突出，只是因为处于由 u 到 i 的过程中，所以在写法上省略 e。

三、感受力训练

团结就是力量

从前,吐谷浑国的国王有20个儿子。可是他们自恃本领高强,都不把别人放在眼里。国王明白敌人很容易利用这种不睦的局面来各个击破,那样一来国家的安危就悬于一线了。国王常常教导儿子要团结友爱,可是儿子们并没有把父亲的话放在心上。

有一天,他把儿子们召集到病榻跟前说:"你们每个人拿出一支箭折断它。"他们顺手捡起身边的一支箭,稍一用力,箭就断了。国王又说:"现在你们把19支箭捆在一起,再试着折断。"他们抓住箭捆,使出了吃奶的力气,咬牙弯腰,脖子上青筋直冒,折腾得满头大汗,始终也没能将箭捆折断。

国王语重心长地说:"一支箭,轻轻一折就断了,可是合在一起的时候,就怎么也折不断。你们兄弟也是如此。如果互相斗气、单独行动,很容易失败,只有20个人联合起来,齐心协力,才会产生无比巨大的力量,才能战胜一切,保障国家的安全。这就是团结的力量啊!"

儿子们终于领悟了父亲的良苦用心，悔恨地流着泪说："父亲，我们明白了，您就放心吧！"国王见儿子们真的懂了，欣慰地点了下头，闭上眼睛，安然离世了。

团结就是力量，只有团结起来，才会产生巨大的力量和智慧，去克服一切困难。

训练提示

1. 注意文中"一"的变调。
2. 鼓励学生根据格言、谚语改编故事，进行感受力训练。

第三级　第十二课

测评内容与要求

朗诵一级测评

【内容与要求】

1. 根据考生语音面貌,指定朗读一段"绕口令"。

要求:语言快速、准确、清晰、流畅。

2. 指定朗读《弟子规》(《总序》《入则孝》)片段。结合生活实例谈谈自己的理解,限时2分钟。

要求:体态自信舒展,语言清晰畅达。

3. 从一级训练教材中自选一篇童谣,完成童谣表演。

要求:声音与表情富有表现力,声情并茂,自然大方。

朗诵二级测评

【内容与要求】

1. 根据考生语音面貌,指定朗读一段"绕口令"。

要求:语言表达快速、准确、清晰、流畅。

2. 指定朗读《弟子规》(《出则悌》)片段。结合生活实例谈谈自己的理解,限时2分钟。

要求:体态自信舒展,语言清晰畅达。

3. 自选二级朗诵训练教材中的一篇寓言故事。

要求：声音与表情富有表现力，声情并茂，自然大方。

朗诵三级测评

【内容与要求】

1. 根据考生语音面貌，指定朗读一段"绕口令"。

要求：语言表达快速、准确、清晰、流畅。

2. 指定朗读《弟子规》（《谨》）片段。结合生活实例谈谈自己的理解，限时2分钟。

要求：体态自信舒展，语言清晰畅达。

3. 自选三级朗诵训练中的寓言故事。

要求：声音与表情富有表现力，声情并茂，自然大方。

后 记

　　人类的每一次进步，都离不开语言开路。近年来，教育部力推素质教育，改进美育教学，在中小学语文教材中增加了朗读和理解课文内容的练习，这是贯彻落实党的教育方针的重要措施。

　　中央电视台《朗读者》《开讲了》等语言类节目的热播也助推了社会对朗读和演讲的关注度的提高，越来越多的家庭开始重视孩子语言表达能力的培养和塑造。好口才成就好未来，"青少年语言表演艺术"丛书可以说是应运而生。这套丛书包含播音主持和朗诵表演两个系列，每个系列5本书。

　　丛书编写和出版过程得到了中国传媒大学出版社、中国传媒大学远程与继续教育学部的支持和帮助，感谢辛苦付出的同仁朋友们。

　　感谢本套丛书编写者。播音主持系列：1—3级由胡铖铖编写，4—6级由韩杰编写，7—8级由韩杰编写，第9级由李金泽编写，第10级由年茗涵编写。朗诵表演系列：1—3级由范晨晨编写，4—6级由年茗涵编写，7—8级由迟茜编写，第9级、第10级由王新宇编写。

　　在丛书编写过程中，由于条件所限，书中部分所选作品和图片，未能直接与相关作者取得联系。如有作者在本书中发现自己的作品，请与我们联系。我们的联系方式是：yuyanbyys@163.com，我们将按照著作权相关规定支付稿酬。

图书在版编目(CIP)数据

青少年语言表演艺术　朗诵表演系列 1—3 级/全国青少年语言表演艺术测评中心编. --北京：中国传媒大学出版社,2018.2(2023.1 重印)
(青少年语言表演艺术丛书)
ISBN 978-7-5657-2184-7

Ⅰ.①朗…　Ⅱ.①全…　Ⅲ.①朗诵—语言艺术—教材　Ⅳ.①H019

中国版本图书馆 CIP 数据核字（2017）第 327533 号

青少年语言表演艺术　朗诵表演系列 1—3 级
QINGSHAONIAN YUYAN BIAOYAN YISHU　LANGSONG BIAOYAN XILIE 1-3 JI

编　　者	全国青少年语言表演艺术测评中心
丛书策划	王雁来
责任编辑	张　旭　吴　磊
特约编辑	陈　默
责任印制	李志鹏
封扉设计	王淑君

出版发行	中国传媒大学出版社		
社　　址	北京市朝阳区定福庄东街 1 号	邮　　编	100024
电　　话	86 - 10 - 65450528　65450532	传　　真	65779405
网　　址	http://cucp.cuc.edu.cn		
经　　销	全国新华书店		
印　　刷	三河市东方印刷有限公司		
开　　本	787mm×1092mm　1/16		
印　　张	13.75		
字　　数	147 千字		
版　　次	2018 年 2 月第 1 版		
印　　次	2023 年 1 月第 7 次印刷		
书　　号	ISBN 978-7-5657-2184-7/H·2184	定　价	59.80 元

本社法律顾问：北京嘉润律师事务所　郭建平

绿色印刷 保护环境 爱护健康

亲爱的读者朋友：

本书已入选"北京市绿色印刷工程——优秀出版物绿色印刷示范项目"。它采用绿色印刷标准印制，在封底印有"绿色印刷产品"标志。

按照国家环境标准（HJ2503-2011）《环境标志产品技术要求 印刷 第一部分：平版印刷》，本书选用环保型纸张、油墨、胶水等原辅材料，生产过程注重节能减排，印刷产品符合人体健康要求。

选择绿色印刷图书，畅享环保健康阅读！

北京市绿色印刷工程